ZHONGGUO
JINGJI
MANBI

中国经济漫笔

王东京 ◎ 著

人民出版社

目　录

前　言

　　自上世纪末在国内经济报刊写专栏，转眼二十年过去了。苏东坡当年写《赤壁怀古》，感慨"江山如画，一时多少豪杰"。我没有苏学士的才气，写不出那样的词句，不过苏前辈是发古人之幽情，而我比他幸运，生逢盛世，今天中国经济成就举世瞩目，当然也可以学他感慨一下。

　　是的，过去的三十年，在以后中国历史上将是辉煌的一页。改革开放、体制转轨、发展转型、结构调整、产业升级、增长换挡，五年前中国终于后来居上，成为全球第二大经济体。不管将来后人怎么看，这无疑是一个大转变的时代，我身处其中，能近距离观察与记录这一前所未有之巨变，能不感慨乎？

　　本书收录的是我自 2006 年以来的部分文章，这些文章最初是为报刊写的专栏，讨论的也都是当时的经济热点。见微知著，读者今天读这些文字，不仅可以从中体会改革的艰辛，也可看到当初学界对这些问题的看法与分歧。我之所以要将这组文章结集出版，旨在立此存照，为下一步纵深改革提供理论坐标。

曾说过，写专栏我恪守两个原则：一是问题导向；二是学理支撑。问题导向是说文章要针对人们尚未想到的问题，或是人们想到了但想错了的问题写，绝不无病呻吟；而学理支撑则是对现实问题要用恰当的学理作分析，不就事论事。这些年读者说我的文章好读易懂，除了文字平实，坚持问题导向与学理支撑恐怕是重要原因。

要特别提点的是，本书所讨论的问题，或许今天有了变化，读者阅读时务必注意写作时的背景，为此在每部分篇章页上我皆标明了文章的发表日期。另有一点要说明，书中所涉问题虽然有了改变，但分析这些问题的学理框架不会变，只要读者掌握了这些学理框架，根据新的约束条件自己便可去分析推理，不信你试试，包管会有触类旁通的效果。

最后要说几句感谢的话。首先，我要感谢人民出版社总编辑辛广伟先生，广伟是我党校中青班的同学，之前多次约稿我以为是客套，没当回事。上月广伟让编辑曹春来电，说读过我很多文章，希望由该社结集出版。曹春是经济学博士，又慧眼识珠，我没理由再推辞。现在摆在读者面前的这本《中国经济漫笔》，也倾注了曹博士不少辛劳，这里我要衷心致谢。

王东京

2015 年 11 月 11 日于北京大有庄

政府定位

让政府成为仆人

国务院高层最近表态说要建设服务型政府，看来跟下来的几年政府会有大的改革举措出台。倘果真如此，将无疑是国家之幸、百姓之福。近20多年，经济发展可圈可点，但若政府职能不转变，未来经济要保持强劲增长免不了会遇到一些麻烦。

前不久到南方某企业调研，听说了一件事让我感慨万千。该企业有一座炼钢高炉，已经过了报废的年限。企业决定自筹资金，另外建一座新高炉。但报告打到政府有关部门却没有得到批准。这样一来，可就难坏了企业的领导，旧高炉已经在超期服役，而新高炉却不让上马，怎么办呢？后来他们灵机一动，重新打了份报告，不过，这次没说建新高炉的事，只是要求对原来的高炉进行易地改造，结果很快批了下来。

我们知道，一辆汽车，这儿修不好可以到那儿去修，但一座炼钢高炉，是一砖一瓦砌成的，好几十米高，搬不动，移不走，怎么能易地改造呢。其实这里所谓的易地改造，跟建一座新高炉完全是一回事。但前者能批，后者就不能批，这不由使我想起了一个成语：朝三暮四。这个成语，最早是指玩弄手法，蒙混过关，现在的含义，是后来引申出来的。据《列子·黄帝篇》记载，宋国有个人爱养猴，后来越养越多，喂不起了，只好"将限其食"。他跟猴子们说，今后我给你们喂地瓜，早上给三块，晚上给四块，够吗？"众猴皆起而怒"，他一看不行，就换了个说法，"朝四而暮三，足乎"，结果"众猴皆伏而喜"。

这两件事情，一个是养猴子，一个是办企业，一个发生在古代，一个发生在现代，然而二者却有异曲同工之妙。

国企改革已经快近三十年了，很早就提出政企分开，但直到现在，政府依然管得很多，统得很死，做了很多费力不讨好的事，结果企业万般无奈，才不得不玩文字游戏，弄出上面的笑话。其实，这反映了一个问题，就是我们的政府职能定位不清，不该管的事情揽了一堆，而分内的工作，却没有做好。用一句土话说就是，"种了别人的地，荒了自己的田"。

那么，政府应该做什么？这个问题很大，笼统地问，还真是不太好回答。在经济学大师亚当·斯密看来，政府最好什么也别做，只当个"守夜人"，晚上别人睡觉的时候，他出来打一打更，看一看门，报一报"平安无事"就可以了。到了凯恩斯时代，政府的责任更大了，要管的事也更多了；这个时候，看门的老头变成了居委会的老太太，不仅要协助民警搞治安，遇上邻里纠纷、婆媳吵架，还得出面调解一下，或者为下了岗的女工联系个工作，替生活特别困难的家庭争取点救济等等，都是她的工作职责。

上世纪 70 年代，福利国家兴起，政府就更忙了，从摇篮到坟墓，社会生活的各个方面，它都要管一管。相比之下，这个时候的政府，更像一个家庭保姆，而且是一个受气的保姆，经常遭受来自各方面的批评。富人可能会抱怨，政府是在惩罚成功者，把大量的钱从他们手中拿走，去救济那些不思进取的人；而与此同时，穷人也在嘟哝，说政府缺乏同情心，允许富人们花天酒地，一掷千金，却对他们生活水平的停滞无动于衷。

如果说福利国家的政府，扮演的是保姆角色，那么，在改革开放以前，我们的政府承担的则是家长的职能。从油盐酱醋、针头线脑，到职工的生老病死、住房医疗、入学就业，无不在政府的职责范围之内。说是政府的职责，其实有很多事情政府并没有亲自动手，而是交给了企业，也就是所谓的企业办社会。

不过把话说回来，当时我们实行的是计划经济，吃的是"大锅饭"，这些事由企业管也好，由政府办也罢，背着和抱着一样沉，反正企业是国家的企业，职工是国家的职工，不管谁出面，本质上是一样的。现在不同了，我们要实行市场经济，政府和企业，必须丁是丁、卯是卯，分开算账，你的孩子你领走，我的孩子我养大，双方分清职能，各司其职，不能再混在一起，吃"大锅饭"了。那么，政府的职能应如何定位呢？

美国经济学家弗里德曼在他著名的《自由选择》一书中写到，政府的职能主要有四个：保证国家安全、维护司法公正、弥补市场缺陷、保护那些"不能对自己负责"的社会成员。保证国家安全和维护司法公正，这样的工作必须由政府来做，因为除政府之外，没有任何其他组织和个人能承担起这些职责。

其中的道理，大家都明白，也不用我多说。需要着重解释的是政府的第三和第四项职能。

市场经济的基本原则是等价交换。我享受了你的产品或服务，我得掏钱，他给我造成了损失，他得赔偿。这个原则虽然很简单，但却是市场效率的源泉。不过，在有些场合，这个原则可能无法执行。比如，你自己掏钱建了一盏路灯，为过往的行人提供照明，行人得到了你的服务，他们应该掏钱，以弥补你建路灯的成本。但如果真的去收费，那可能是很困难的。也许会有人说，我自己能走这段路，根本不需要你照明，你非要向我收费，那是强买强卖；甚至有人会这样讲，我的眼睛怕光，我根本不愿意见到路灯，你在这里弄了盏路灯，损害了我的眼睛，我不让你赔偿就是好事。

　　大家已经看到，等价交换的原则在这里玩不转，这就是所谓的"市场失灵"。由此造成的结果，就是没有人愿意去建路灯，因为无法收回成本。但我们又的确需要路灯，怎么办呢？一般来说，类似的产品，应由政府来提供。在这里，政府就是在弥补市场的缺陷。

　　政府的第四个职能，是保护那些"不能对自己负责"的人。这里所谓"不能对自己负责"的人，用一个法律术语讲，就是无行为能力的人。儿童是典型的无行为能力的人，一般来说，我们把他交给父母。但交给父母，并不意味着不需要政府的保护。如果有极端不负责任的父母，对孩子为所欲为——虐待他们、残害他们，就得需要政府出面，来保障孩子的基本权利。

　　有一点需要说明，政府手中的权力是一柄"双刃剑"，可以用来为民造福，但如果被滥用，就会威胁个人自由。弗里德曼特别提醒人们，要警惕政府权力的滥用，他说："要把政府的活动限制在一定范围内，让政府成为我们的仆人而不让它变成我们的主人。"

谁来看住国资委

国企改革已历经 20 余年。在这 20 多年里，围绕国企改革的"攻坚"就有不下三次。而且每一次攻坚，都是媒体热炒、捷报频传。而今天人们面对的现实却是：改革的成本越来越高，政府的调子越来越低。

1983 年，政府着手国企改革，当时的口号很明确："搞活国营企业"。可对如何搞活国企政府却并不完全有数。农村改革得益于"承包"，于是人们相信，工业企业也可仿效农村经验，"包"字进城，一包就灵。或许正是这种照搬，后来的局面让人大跌眼镜。由于承包人急功近利，负盈不负亏，致使国有资产大量流失。到上世纪 90 年代初，政府不得不再度攻坚，废止承包制，转行股份制，并提出了"抓大放小"的口号。此次改革虽然重点突出，而改革的结果还是出人意料。企业不仅没"股"出效益，而内部管理也是新瓶装老酒，依然如故。

第三次攻坚，是1997年国务院提出"国企三年脱困"。起初，是想让3000家大中企业扭亏为盈，其后调整为1000家，而最终敲定为512家。对这512家企业，从不良资产剥离到资产重组；从债转股到减员增效，政府可谓煞费苦心，但至1999年年末，到底还是事悖人愿，企业经营仍不见起色。鉴于这种情况，于是中央又提出国有大企业也要"有进有退、有所为有所不为"。

国企久治无效，难道就真的是无药可医？有一种说法，国企搞不好是因为所有者缺位。可是我们有谁见过国外有哪家上市公司所有者是完全到位的呢？事实上，所有者到不到位不是关键，关键在企业内部是否有制衡机制。如果有制衡，即便所有者不到场，企业照样可以高效。这一点中央其实早就看到了，党的十五大强调法人治理结构是公司制的核心。对国企改革，笔者已思考多年。我的看法是，国企改革要成功，必须建立一种闭环的制衡机制。

一般地说，企业有三个权力主体：股东会，董事会，经理班子。在这三个机构之中，股东会作为出资人，拥有最高监督权，但不能直接决策；董事会拥有最高决策权，但不可经营；经理具有最高执行权，但必须秉承董事会决策。企业权力这样分置后，为使三方用权而不越权，一种有效治理的安排是由股东会推选董事，董事会聘任经理。一句话，就是让每个人的饭碗，都不端在自己手里。经理的饭碗，在董事会手里；董事的饭碗，在股东的手里；股东的饭碗，在经理的手里（经营亏损最终得由股东兜底）。这样一来，只要有人玩忽职守，不管是谁，饭碗都可能被砸掉。

这种砸饭碗的机制，就是现代公司治理的内核。若以此反观国企，其治理缺陷一目了然：首先，国企的董事长与总经理，同受政府委任，而且同一级别，董事长砸不了总经理的饭碗，总经理也不受董事长的节制。其次，由于国企大多由政府独资或是一股独大，表面上看，政府作为出资人向企业派董事长似也无可厚非。但政府在这里其实只是个名号，实际操作中行使权力的并不是政府，而是政府的少数官员。只要董事长把这少数人搞掂，他的饭碗就确保无虞。可是在一个企业里，如果董事长、总经理都高枕无忧，那么企业的治理结构，必定形同虚设。

还有，按目前的国资管理体制，国资委作为出资人代表，不仅管着资产，而且还管人管事。这样，也带出了两个问题：第一，中央一直强调要政企分开，可国资委原本是政府部门，那么它对企业吃三喝四，管人管事，岂不是典型的政企不分？第二，国资委作为出资人代表，但毕竟只是代表，不是真正的出资人。而且政府出资与自然人出资也不同，自然人出资，企业亏损由自然人负赔；而政府出资的企业亏损，则由全体国民分摊。于是笔者不禁要问：国资委大权在握，管人管事管资产，万一管坏了怎么办？国资委的官员能否担责？假若不担责，我们凭啥要把权力交给他们？

由此可见，国企治理失灵，要害在政府。一是政府股权过大，致使投资主体单一；二是政府权力过大，又不负连带责任。所以今天国企的问题，是痛在企业病在政府。若要规范企业治理，最好的办法是对政府加以管束。说得更明确些，就是要借助一种制度设计看住国资委，实行连带责任追究。两年前，中央在十六届三中全会曾提过一个思路，即鼓励国有资本与非公有资本的联合，实行混合所有制经济。我体会，中央的用意就是想通过股权多元化，改组股东会。然后在股东会里，由其他所有者来牵制国资委。

应该说，中央的这个思路，不仅是对症下药，而且也务实可行。可惜的是，近两年的股权多元化改革始终只听雷声，不见下雨。尤其是去年"郎顾之争"后，人们对产权改革更是瞻前顾后，顾虑重重。是的，国有大企业搞 MBO，目前法规还不健全，条件也不成熟，过早施行容易出现监守自盗。但是，搞股权多元化，绝非只有 MBO 一途。企业间的资产购并、股权互换等，也是国际上通行的做法。事实上，只要我们开动脑筋，大胆试验，还会有更好的办法可以摸索出来。总之，国企改革走到今天，股权多元化，已是最后的关隘，要是能闯过这一关，往后的路将一马平川。

政府要有所不为

　　中国改革开放，广东是排头兵，领跑经济数十年，对国家的贡献有口皆碑。然而风水轮流转，近些年长三角地区后来居上，大举超过广东。而广东也并非等闲之辈岂能甘拜下风？曾两次应邀赴广州参加省长座谈会，对省府高层求新图变的决心，深有感触。两次座谈，正副省长全到场，求计若渴，可钦可叹。

　　上月举行的省长座谈会，主题是转变经济增长方式。是的，面对资源与环境约束，广东要重铸辉煌，必须推动经济转型。不然继续粗放经营，高能耗、高污染，待以时日广东的竞争优势将消失殆尽。因此，转变增长方式是正着。毕竟广东开放得早，家底厚，人才济济，只要路子对，要保持经济强省地位当不在话下。

　　问题是，转变增长方式中央强调多年，广东为何会走慢一步？黄华华省长三年前有一篇讲话专论经济转型，读了多次，通篇不见破绽。不仅目标明确、思路清晰，而且措施也具体。遗憾的是知易行难，三年来广东经济转型虽有亮色，但效果却不尽如人意。何以如此？我首先想到的是官员的政绩观。

经济学讲利益最大化颠扑不破，官员的最大化当然是提升晋级，官员要提升，得要有政绩，虽说政绩不单是 GDP，但没有 GDP 则难以看出政绩。所以地方官员对高投入、高产出的经济增长情有独钟。事实上，当下地方的行政级别就与 GDP 大有干系。比如深圳、广州是副省级，为何韶关不能是？原因很多，但不可否认经济总量大小肯定是重要原因之一。

另一方面，是政府的不当干预。节能是明显的例子。由于能源短缺，所以政府要求节能。经济学说，短缺的商品应涨价。可奇怪的是能源短缺，价格政府却不让涨。其实，国内企业千差万别，能耗高不高政府说不清，也管不了，关键在能源价格。只要放手让市场调节，价格高了企业自会精打细算，用不着政府操心劳神。现在的麻烦是，政府既要求节能，但又管制价格让企业廉价耗能。自相矛盾，天下哪有这种道理？

由此看，推动经济转型政府应尊重市场规律。今非昔比，如今是市场经济，经济活动的主体是企业。所谓转变经济增长方式，说到底是转变企业的增长方式。企业不转，政府想转也转不成。困难在于，企业的目标往往不同于政府，甚至有时会大相径庭。比如，政府追求资源节约、环境美好；而企业追求的是利润最大化，只要能赚钱，能耗再高企业都会不管不顾。怎么办？惯常的做法是政府干预，但这样做不仅行政成本高，而且容易滋生腐败。

举个例。假如由政府直接给企业规定能耗指标，由于行业不同，企业装备不同，对政府来说，将是一项浩繁的工程。更严重的是政府给定指标，主事官员一言九鼎，那么企业就会去笼络那些官员。如此一来，官员创租，企业寻租，上下其手节能势必流于形式。想当年，政府要控制城市人口，于是就有人去买户口；今天政府要控制能耗，谁敢保证企业不去官员手里买指标？

我一贯的看法，转变增长方式，政府要有所为、有所不为。可为的是调节市场，不可为的是点对点地干预企业。大致说有四条，容我分点说：

首先，能耗高低不要管，但排污标准一定要管。说过了，企业能耗多少是企业的事，政府不必过问。只要把能源价格放开，企业节不节能，悉听尊便。如果能耗过高成本大增，收不抵支它们自会考虑节能。但排污不同，它破坏了公共环境，增加了社会成本，所以政府一定要管住管好。

其次，企业关转不要管，但扶持创新企业一定要管。物竞天择，适者生存。不论企业生产什么，是传统产品还是新型产品，政府不必去管，用行政手段关转企业总归不是明智的办法。要知道，市场需求是多元的，有人喜欢油画，有人喜欢国画，各取所需，都有存在的理由。即便淘汰落后，那也得由市场出面。政府要做的就是通过产业政策扶持高新技术产业，因为科技创新关系到国家的竞争力。

再次，企业大小不要管，但安全生产一定要管。流行的说法，企业要做大做强。大而且强当然好，但事实证明，大不等于强，小不等于弱。大有大的优势，小有小的好处。科斯说，企业的边界取决于交易费用。可推出的含义是，企业规模由边际成本与边际收益约束，不可拔苗助长。因此，政府不可通过行政拉郎配做大企业，要把精力放在安全生产的监管上。

最后，企业内部的分配不要管，但社保一定要管。企业是经济主体，要追求利润最大化，故内部分配必贯彻效率原则。假若政府越俎代庖，给企业规定最低工资，结果不仅会削弱对外竞争力，还会导致更多的人失业。经济学说，工资是劳动力价格，既然是劳力之价，那就得由劳动力的供求定，无需政府插手。政府要管的是劳动者社保。只要社保落实了，稳定则无后顾之忧。

再多说一句。转变增长方式，政府不能不急，也不可太急。俗语说，心急吃不了热豆腐，何况经济发展有自身规律，指望一蹴而就、毕其功于一役是不切实际的幻想。政府与其亲历亲为，还不如多研究市场规律，因势利导，顺水推舟。愚见以为，当下政府最应该做的是让 GDP 与政绩脱钩，用人导向一变，经济转型必有奇妙的效果。

大部委制妙不在大

　　学界讨论大部委制改革已有一段时间，早就想写文章，但每次都欲言又止。倒不是我不赞成大部委制，而是认为大部委改革并非始于今日，没有必要过多地予以渲染。远的不说，2003年新组建商务部和国资委，敢问不是大部委是什么？我体会，所谓大部委制，说白了就是国务院启动新一轮机构改革。

　　掐指算，改革开放30年，大的机构精简至少有五次，其间部委合并也屡见不鲜。此次中央高层决定再对政府机构动刀，原因是政府部门的职能重叠、机构臃肿问题至今未解决好。积重难返，若不将相近部门合并，不仅政府瘦身难，而且由于政出多门，相互掣肘，决策效率则无从提高。从这方面看，推行大部委制有必要，并非多此一举。

综观天下，由于国情有别，各国政府机构设置虽无划一模式，但有一点可肯定，市场经济国家施行的皆是"小政府、大社会"。空口无凭，以事实为证：美国目前的部级机构，仅 15 个；英国 18 个、加拿大 19 个、澳大利亚 16 个、法国 18 个、德国 14 个、西班牙 15 个、日本 12 个、韩国 18 个、新加坡 15 个。而当下我们国务院下属的部委就有 28 个，特设机构 1 个、直属机构 18 个、办事机构 4 个。

说过多次，我不反对机构改革。问题是，改革的次序应如何安排？是先改机构还是先改行政审批？我的观点，应先改行政审批。审批制不破，机构改革将事倍功半。有前车之鉴，以往的机构改革，哪次不是改一回膨胀一回？个中原因大家都说是官本位作祟，而官本位背后其实就是行政审批权。设想一下，假若政府没有审批权，那么人们怎会千方百计要进机关？

机构改革的难处正在于此。现在看，推行大部委制最大的困难，恐怕是官员分流。据说，仅组建一个"大交通部"，就得多出 10 个副部级官员，那么局、处以下的官员呢？怕是数以千计吧。不要说让这些人辞官回家，就是降级安排，人家也未必会乐意。不是吗？当初国家体委改体育局，降为副部级，可不久又改为体育总局、恢复正部级，为何？具体背景我不知，但将心比心，谁愿意自己官越做越小呢？

推行大部委制的另一困难是功能整合。以大交通部为例，据说思路是要把民航总局、交通部、铁道部合并。当然，合并机构不难，只要国务院点头，操作易如反掌。可要知道，机构合并是一回事，功能整合却是另一回事。前几年，国内大学合并一阵风，结果如何呢？大多貌合神离！据说现在有的大学正副校长达 20 人之多，人多嘴杂，大小事情都议而难决。大学尚如此，何况是有职有权的部委官员！

退一步讲，即便政府的官员高风亮节，能以大局为重，功能整合也非易事。想得到的困难首先在体制，民航总局和交通部的企业，现已归属国资委，而铁道部既是政府机构又拥有数千亿资产，体制不同怎可简单拼装？而从管理角度看，目前铁道部、交通部和民航总局都有自己的调度中心，受技术限制，这三个中心近期还无法合并，若水陆空交通不能协同调度，整合功能就是一句空话。

大交通部如此，而大能源、大农业、大文化等部委组建，其情形亦会差不多。于是这就带出了一个问题：大部委究竟应该多大合适？是越大越好吗？非也。经济学讲适度规模，一定是从交易成本看。科斯当年研究企业，曾明确指出企业规模决定于交易成本。企业如此，政府也如此。毫无疑问，国务院推行大部委制，原本是希望提高行政效率，节省协调成本。如果规模过大，导致协调成本更高，那么这样的改革就是得不偿失了。

行文至此，我想对大部委制改革说三点建议。第一，以改革行政审批为突破口。中央推行大部委制，旨在完善政府服务，而不是行政权的简单集中。因此政府机构不管怎么改，归根结底就一条，即转换角色，建设服务型政府。这几年中央一直三令五申，要规范和减少行政审批，并最终将审批制过渡到备案制。若能令此项改革走先一步，将行政审批改为备案，那么迷恋政府机关的人必大大减少，于是机构改革则可顺水推舟。

第二，切忌刮风。其实大部委制改革的重点不在"大"，而在功能整合。"大"不是改革的目的，机构设置大小，必须充分考虑交易成本，宜大则大，宜小则小，不可一味地求全追大。即便是功能相近的机构，合并也可分步到位。总的说有两个原则，一是先动人后动机构；二是先试验后推广。分流人员若不先作安置，动机构必有阻力；若不试点就推广，全线出击难免会打乱仗。

第三，完善制衡。大部委一旦组建，毫无疑问它所掌握的资源会更多。经验表明，权力失去制衡会滋生腐败，因此，如何对大部委施以制衡是大问题，很紧迫。在下以为，中纪委的纪律检查重要，国家审计署的财务审计也重要，但更积极的制衡应是行政权分立，即决策、执行、监督分开，让裁判不得打球。对此深圳早年有探索，决策层不妨加以借鉴。

我听到的消息，大部委改革方案日前已报送国务院，据说此次只是组建大交通部与能源部。实行分批改革，当然好，是明智之选；问题是如何强化新组建部委的服务职能，使其真正成为服务型政府，此事目前正待破题，也是改革的重点，在这方面，看来我们还得多多研究才行。

事业单位何去何从

　　有朋友告诉我，他费尽九牛二虎之力，四处托人，年前终于调进了一家事业单位。可最近听说事业单位要改革，却又不知会如何改，于是想到听听我的建议。其实，我也未见有何具体的方案，但研究经济多年，要做些推测不难，不过是个人之见，不能完全作准。考虑问题有普遍性，就写出来和读者一起讨论吧。

　　中国的事业单位，外国少见。顾名知义，事业单位既不同于政府，也不同于企业。政府负责提供公共管理与服务，经费由财政全额拨；而企业为经济主体，则自主经营，自负盈亏。事业单位介于两者之间，由于承担了部分公共职能，财政要给一定资助；由于不是全额拨款，自己还得创收。当然它不会像企业那样，无需自负盈亏。

据统计，中国现有事业单位 120 多万个，涉及近 3000 万人，汇集了中国近三分之一的专业人才，拥有国有资产数万亿，横跨教育、卫生、科技、文化等多个领域。平心而论，事业单位曾提供了大量的就业岗位，不仅替政府分忧，也为企业解难，历史地看，事业单位对社会的贡献有目共睹，功不可没。

但是，随着体制转轨，事业单位作为计划经济产物，其弊端也日渐显现。最突出的则是机构臃肿、效率低下。也难怪，目下的事业单位不仅享有财政拨款，而且和政府机构一样，还有行政职级，掌握某些行政权力，所以有人说事业单位是"二衙门"，并非毫无道理。

事业单位虽非政府机构，但待遇却几乎与政府无异，单凭此就自然会对很多人有吸引力。何以见得？我观察的事实，是前几次政府机构精简后干部转岗，首选则大多是事业单位。另一个现象，就是现在的大学生，若考不上公务员也有不少会选择事业单位。这么多人对事业单位情有独钟，争先恐后往里挤，怎么能不机构臃肿、不人浮于事呢？

另一弊端，是产权不清。事业单位或由政府出资，或挂靠政府部门，这样往往会导致公共资源的过度使用。哈丁在"公地的悲剧"讲述了这样一个故事：一群牧民在一块公共草场放牧，由于草场退化的代价是共同负担，所以人人从私利出发，都选择多养羊。可这样做的后果，却是草场加速退化，最终谁也无法养羊。现在某些事业单位，一手拿着财政的钱胡花乱造；同时又为牟取小团体利益，打着政府的旗号四处拉赞助、发证书，闹得民怨沸腾。

是的，事业单位必须改革，而且国人早有共识。现在的焦点不是改或不改，而是究竟怎么改？对此学界议论了多年，众说纷纭。最近中央指出，要对事业单位进行分类改革。改革不搞一刀切是对的，而我们面临的难题，是对事业单位如何分类。从提供服务的性质看，大的方面无非是私人品和公共品。若再细分，公共品又分纯公共品与准公共品。由此看，事业单位可分三类：

第一类，提供私人品的事业单位。此类单位主要包括报刊社、出版社、艺术院团和各类认证中心等，它们提供的产品或服务虽有公益性，但主要还是私人品。经济学对私人品的定义，即消费有排他性且能通过市场收费。显然，无论报刊出版物、文艺演出还是产品认证，不仅消费排他，而且都是有偿提供，故此类单位应率先改革。当务之急是让其与政府彻底脱钩，迫使它们作为独立企业走向市场，自负盈亏。

第二类，提供准公共品的事业单位。目前的中小学校与公立医院等当属此类。虽然它们提供的服务也是私人品，但具有公共品的特性。也正因如此，所以长期以来人们认为这些单位要由政府出资办。对上学与看病，我当然不反对政府资助，但资助方式必须改。按现行做法，政府直接拨款给学校与医院，但它们服务如何，由于没竞争，政府无从考察。与其如此，还不如减少拨款，而改发教育券给学生，让学生自主择校，同时补充医保，让病人自主就医。只要同行间引入竞争，服务必将大大改善。

第三类，提供纯公共品的事业单位。最典型的是从事基础理论研究的科研院所、公共图书馆以及提供公用设施的部门等。这些单位提供的产品与服务，不仅消费不排他，而且无法收费，是完全的公共品。经济学说，公共品领域市场会失灵，所以政府应全力支持这些提供公共品的部门。但要指出的是，此类单位虽不必大改，但内部应实行企业管理，要有成本核算，不能再吃"大锅饭"。

以上三类，只是大致划分。篇幅所限，这里不可能将所有事业单位一一归类。其实，若读者同意我的分类，那么按你所在行业特点，自己便可对号入座。即使具体归类有不同，但改革的目标不应有分歧：这就是提供私人品的事业单位，要完全走向市场；提供准公共品的事业单位要减少拨款、引入竞争；只有提供纯公共品的事业单位会保持原体制而强化内部管理。

再多说一句，鉴于过去政府改革滞后，这些年事业单位改革也总是雷大雨小。但凭直觉，新一轮改革将会不同以往，据说有关部门正在紧锣密鼓地制订方案，一旦推出，改革定将势如破竹。开弓没有回头箭。中央下了决心，又得天时地利，相信此番改革一定马到成功！

政府采购呼唤竞争

德国前经济部长艾哈德曾写过一本书，名为《来自竞争的繁荣》，一九五七年问世，不仅题目好，书也写得好，当年做研究生时读过，至今二十多年还记忆犹新。眼下我这篇文章也谈竞争，当然不敢与艾氏比，而且是专栏文章，篇幅受限不可能展开谈。其他不论，这里就专说"政府采购"吧。我的观点是，政府采购不得限制竞争。

之前我的想法，政府采购因购买批量大，与厂家谈判有筹码价格会相对低。此为经济常识，照理不应该错。而且两年前我有同事对北京社区医院药品集中采购做过调查，结论是，2006年北京市政府直接向药企集中采购312种、923个品规药品，结果社区医院药价平均比二级、三级医院便宜了36.1%。这样推算，全市三级医院每年用药160亿元，若令药价降低

10%，则每年药费就能节约 16 亿元。

逻辑上说得通，又有实证支持，所以对政府集中采购我一直举双手赞成。可最近有件事却让我有了动摇，八月底去湖南开会，与岳阳市黄兰香市长共进早餐。老朋友见面当然无话不谈，席间黄市长说，现在药品集中采购反倒让药价猛涨，患者怨声载道。她的话令我大感意外，可惜那天上午她有会，来不及细聊便匆匆分手。回到北京，我把这现象告诉朋友，朋友很快从网上传来一个材料，是真人真事，看后由不得我不信。

事情是这样：前不久福建寿宁县龚园金的堂嫂因喉咙长瘤住进县医院，医院开出一种治疗该病的药——硫酸软骨素注射液，价格是每支 28.92 元。但当龚园金到县医药超市购买同一种药品时发现，药品超市零售价是每支 0.45 元，同一药品，医院价格高出超市 63.3 倍。于是患者状告县卫生局，然而经有关部门查证，医院使用的是福建省集中采购药品，所售价格为合法，结果此案以患者败诉而告终。

好奇怪的现象，究竟是怎么回事？专家的解释，是超市药品购自物流直销，而政府采购却要经过代理商、医药代表、配送机构等中间环节，雁过拔毛，层层加价，这样药品到了医院，就从成本价 0.3 元变成了 28.92 元。若情况属实那么我要问，既然集中采购不能降药价，政府岂不多此一举？也许，政府是为了杜绝药品采购中的腐败，可这代价也实在太高了，再说也没道理让患者承担反腐成本呀！

　　冥冥中我有一种感觉，降低药价与杜绝腐败，除了集中采购还应该有别的办法，什么办法呢？思前想后，我最终想到的是医药分家。不错，目今药价居高不下，究其原因是医药一家，医生开处方，药从医院买，这样药价高低由医院定，没有竞争，药价哪有不高的道理？假若将医药分开（斩断医药间的利益关联），医院只开处方，药品由患者去药店买，这样让医院与医院比服务，药店与药店比价格，有了竞争，药价何愁不降下来？

　　我这样说并非要否定"集中采购"，我的意思是，集中采购必须要能降低成本，不然搞得越热闹就越劳民伤财，除了浪得虚名毫无意义。可转念再想，若如上文所说，医药分家当然好，问题是改体制要伤筋动骨，就算政府力推短期内也不可能一蹴而就。远水不解近渴怎么办？在医药未分开之前政府总不能不作为吧？舍优求次，我想可行之法还是集中采购，不过现在的采购方式要改进，要引入竞争。

　　还是说前面的例子，福建寿宁县医院开出的硫酸软骨素注射液，价格要超出医药超市的 60 倍，专家解释是中间环节多，而我看是政府采购无竞争。经济逻辑说，假如允许竞争，中间环节不可能多，即便多也不可能漫天要价。我看到的资料，中间机构提取的费用有的高达 30%。所以如此，相信原因有方方面面，但关键还在政府采购垄断。只此一家，药价再高医院都得买。这样皇帝女儿不愁嫁，采购成本高也就不足为怪了。

由此看，当务之急是要打破垄断。现在的问题是，"集中采购"由政府操控，用什么办法能将竞争导入呢？我考虑有三点，第一，政府应同时设立多家采购机构，且彼此独立、分别考核；第二，允许购货单位货比三家，即是说，购货方最终从哪家机构订货可自主决定；第三，网开一面，保障购货方在政府采购价高于市场价时有退订的权力。如此一来不仅政府采购机构间会有竞争；政府采购机构与代理商也会有竞争。

可以推断，只要允许竞争，政府采购机构想生存价格就必降无疑。最近与朋友讨论，大家也同意此判断，但也有人问若打破政府垄断产生腐败怎么办？我回应四个字："依法惩处"。其实，政府采购也非净土，腐败也不少。不是吗？前有广东省政府采购中心原主任李春禄的受贿事件，近有重庆合川区政府为几所中学采购"脆脆床"的丑闻曝光。甚至有人说"集中采购"是腐败温床，此言虽过夸张，但指望政府采购根治腐败则是异想天开。

"繁荣来自竞争"，这是艾哈德说的。让我们记住这句至理名言吧！是的，不仅搞经济要竞争，"政府采购"也要有竞争，否则若政府采购价比市价更高、腐败更甚，哗众取宠不如取消算了。

增长与就业

凯恩斯理论的疑点

写这篇文章，起因是政府拟再度扩大内需。其实，这个话题已有大量讨论，上网搜搜，相关的文献触目皆是。不过时过境迁，现在回头再读这些文章，不免让人有药不对症之感。

回想七年前，政府扩需的重点，是刺激投资。有事实为凭，1998 年财政发行 1000 亿特别国债，另有 1000 亿配套贷款，都尽数用在了基础设施建设。跟下来几年，政府虽也强调消费的作用，并启动了消费信贷；但扩需的重点，却仍在投资方面。当时有人说，政府扩需的办法，是借鉴了凯恩斯主义，仿效了罗斯福新政。

是的，学术上任何一种创新，皆属人类共同的文明成果，中国要加以借鉴，本也无可厚非，何况凯恩斯乃经济学一代宗师，他的学说对政府产生影响，更是不足为怪。问题在于，凯恩斯主张刺激投资的理由，于今看来似有疑点。1936年，他出版《就业利息与货币通论》，指出失业的成因是需求不足，而如何拉动需求，凯氏认为重点在投资而非消费。何以如此？其立论根据，就是那个大名鼎鼎的"投资乘数"理论。

投资有乘数效应，此言不假。比如某发电厂投资100万，其中80%去买煤，20%发工资，若煤矿把煤卖给电厂，便得80万的收入；假定煤矿再用这80万的80%买机械，20%发工资，那么机械厂可得64万的收入；机械厂用64万的80%买钢铁，20%发工资，则钢铁厂可得51.2万的收入。以此类推，当初电厂100万的投资，最后会给社会创造出500万的总收入。对投资乘数，大学经济学课本皆有介绍，而且分析逻辑井然，无懈可击。

而我的疑问是，投资能创造收入、放大需求，消费不也照样能够吗？假若消费者拿100万去买私家车，那么汽车厂可得100万收入。汽车厂有了这100万，可再用80万买钢铁，20万发工资，则钢铁厂可得80万收入。接着推下去，100万的消费带动的总需求，不同样也是500万？可见，用投资乘数证明投资是扩需重点，多少有些瞒天过海的味道，虽然理论上未必站不住。

事实上，投资与消费，都能拉动内需，至于何者更有效，须慎重权衡才可定论。至少，有两点值得考虑：第一，短期看能否减少过剩；第二，长期看会否增加新的过剩。若以这两点判断，消费无疑比投资更具优势。投资虽可减少当期过剩，但日后将形成更大的供给，对原本过剩的经济会雪上加霜。对此，凯恩斯曾提过一个办法，即政府把劳力组织起来去挖沟，然后再让另一批人把沟填起来。这样一挖一填，既耗费了社会存货，而又没有增加产品，故不会导致新的过剩。

不错，挖沟填沟可以扩需，但这种劳民伤财的事，政府怎可以去做呢？倘若政府不能做，那么就得改换思路，把刺激消费作为重点。问题在于，就当前中国的情形论，刺激消费也非易事。其中最大的难题，就是消费者收入普遍偏低。有人说，中国消费不足，是由于国人观念保守，不如欧美人潇洒。其实，这哪里仅是观念问题，纵然你开明，也想学人家阔佬富婆，一掷千金万金，可要是囊中羞涩，你学得了吗？

很明显，要刺激消费，必须先提高国人的收入。对这事学界翻来覆去讨论了好几年，而多数人的意见，是加薪没有钱。本来，上届政府就曾打算替大家加工资，结果也因缺钱而搁浅。计划经济时期政府说缺资金，那时缺的是物资；今天我们生产过剩，可政府仍说缺资金，那么现在所缺的显然不是物资而是纸币。缺纸币与缺物资不同，物资缺了不可加薪，加了就会通胀；而缺纸币好办，中国有的是纸，只要印钞厂加加班问题就不难解决。当然，印钞也不能过量。

的确，中国加薪的困难不在钱。真正的困难，是如何把钱加到低收入者头上去。政府公务员加薪容易，棘手的是工人农民怎么办？工人的薪酬是雇主给的，国家虽可出台最低工资法，但这样做会弄巧成拙，令更多的人失业。比如某餐厅老板原来雇人洗碗，每月花 600 元，若现在法定最低工资升至 1000 元，那么他很可能去买洗碗机而减少雇人。再有就是农民，农民要卖农产品才能有收入，而农产品价格却由市场定，政府管不了价格，想让农民增收也是力不从心。

当然，办法还是有的。最近几年，政府先后推出的粮食生产直补、免征农业税等，对农民增收作用显著，可谓居功至伟。过去，我们总以为提高收入就得加工资，其实，条条道路通罗马，不加工资，也是可以帮低收入者增收的。比如，政府加大对养老、医疗、失业等社保的投入，提高保障水平，进一步拓宽保障面，让社保不仅覆盖城市，而且也覆盖农村，这样，也就等于提高了城乡居民收入。

可以想见，中国有 13 亿人口，要是人们没有后顾之忧，老有所养，病有所医，大家一定会放心大胆地去消费，若果如此，拉动内需定有可观的效果；由于内需不足而引发的诸多问题，也便迎刃而解。

调控目标要以就业为先

对宏观调控的目标人们本来早有共识。可近来学界却旧话重提，就宏观调控目标发表意见，并产生了不小的争论。争论的焦点，不在宏观调控目标到底有哪些，而在宏观调控的诸多目标中，究竟以哪一目标为先？

事情的原委，应追溯到六年前。起初，有学者在报刊上撰文，提出政府宏观调控的目标应该是"促进经济增长、增加就业、稳定物价、维持国际收支平衡"。不久，便回声四起，附和者众多。可对这一提法，也有学者不以为然，主张宏观调控仍应坚持以"增加就业、稳定物价、促进经济增长、维持国际收支平衡"为目标。表面上看，学界的这两种观点，内容并无大异；但仔细比较，两者又有不同。差别在于四大目标的次序：一是以增长为首，一是以就业为先。

早年在美国，对政府宏观政策目标是增长还是稳定也曾有过争论。不过那场争论，讨论的重心是要不要政府干预，是凯恩斯主义与货币学派之争，显然与我们今天的讨论无涉。对政府调节经济，目前国内没有人异议，而且大家的分歧，只是集中在宏观调控的四大目标究竟按什么规则排列？或者说，增长与就业，对宏观调控何者更重要？

增长与就业何者更重要？这样提问题，似乎让人有些费解。因为增长与就业，两者并不完全对立。而且在某种意义上，它们还是一回事。一个国家经济增长了，肯定会创造出更多的就业，而且在凯恩斯那里，扩大就业的法门，就是通过扩张性财政与货币政策刺激经济增长。但是，如果我们把问题分开来看，增长与就业又不是一码事。比如经济增长，既可以通过增加资本投入，发展资本密集型产业来实现，也可以通过增加劳动投入，发展劳动密集型产业来达到，尽管它们都可以推动经济增长，但对就业效果却大不一样。前者会减少就业，后者会增加就业。

如此分析，增长与就业如何排序，就不单单是一个分先后的问题。增长排在前面，就业服从增长；就业排在前面，增长则服从就业。可见这里的目标排序，实际上决定着政府宏观调控的导向。尤其当增长与就业有冲突时，鱼与熊掌不可兼得，宏观调控此时作何种取舍，排序就显得尤为重要，这既关系国家的经济实力，又关系社会的稳定，政府唯有权衡轻重，通盘谋划，方可化弊为利，掌握调控的主动权。否则，目标排序失当，政府调控难免会打乱仗，陷入混乱。

就我所知，人们所以主张增长为先，基本依据无非有二，一是邓小平同志讲过"发展是硬道理"；二是中央强调"发展是执政兴国第一要务"。倘若人们真的是以此为据，就把增长排在就业之前，显然是把"发展"与"增长"两个概念弄混淆了。邓小平同志与中央讲的"发展"，绝不仅止于"经济增长"的含义。经济增长单指产出（GDP）的增加，而发展则不仅包括产出增加，而且主要强调的是社会全面进步。不信查一下经济学的教科书，两个概念的区别，讲得清清楚楚。党的十六届三中全会提出"五个统筹"，强调"全面、协调、可持续"，正是对"发展"概念的科学诠释。

说增长不等于发展，美国经济学家金德尔伯格有一个精辟的比喻。他说，经济好比一个人，增长是指身体长高，发展是指素质改善。正如身体长高不等于素质改善，增长与发展，也不可混为一谈。既是如此，那么从"发展是硬道理"，或是从"发展是执政兴国第一要务"，就推不出"增长优先"的结论。相反，把就业放在宏观调控目标之首，才是经济发展的内在逻辑，这里面道理并不深奥，只需指明一点，明眼人一看就透。

假如从经济学的视角分析政府，我们要问：政府的最大化目标是什么？是 GDP 还是社会稳定？回答当然是稳定。如果失去稳定，就谈不上发展，故政治家通常强调：稳定要压倒一切，稳定是改革与发展的前提。当今世界，无论哪国政府都是要以稳定为第一的。罗斯福新政，说到底也是为了扩大需求，增加就业，维持稳定。既然政府的最大化目标是稳定，那么我们再问：增长与就业，何者与稳定的关系更直接、更要紧？回答当然是就业。因为就业事关人们吃饭，民以食为天，一个人要是没有工作，没有收入养家糊口，保不准就会铤而走险，闹出什么乱子来。很难想象，一个高失业的社会，稳定状况会好到哪里去。

当然，强调就业对稳定的作用，不是说其他目标就无足轻重。宏观调控要设定四大目标，就是因为它们都与稳定相关。比如物价上涨了，货币会贬值，若货币收入不变，人们的生活水平肯定下降，这样，则会引起社会不满。不过，只要不是恶性通胀，它对稳定的危害，仍不及失业大。毕竟通胀损害的，主要是高收入者的利益，而高收入阶层，恰恰是一个追求稳定的群体。再比如经济增长，经济增速慢，会对稳定不利，但只要不出现衰退，增长对稳定的影响，比起失业与通胀来，也要小一些。正是基于这一点，所以宏观调控应坚持以就业为先，而且"经济增长"应排在"增加就业"与"稳定物价"之后。

加薪的困难

假若政府说要给大家加薪，反对者大概不会多。记得七年前，上届政府总理朱镕基曾到中央党校发表演讲，承诺任期内要给公务员涨工资，涨三倍。此言一出，台下顿时掌声雷动。那天听讲的除了中央党校的教员，再就是来自全国各省市的学员。掌声热烈，说明加薪是人心所向，众盼所归。

是的，希望加工资乃人之常情。近 30 年，中国经济高歌猛进，然人们的收入增长却相对缓慢。过去搞计划经济，缺吃少穿，不承想市场化改革没几年，当人均 GDP 刚过 1000 美元，就出现了生产过剩，内需不足。温总理讲，当前扩需的重点在消费，我赞成。可要拉动消费必提高人们的收入。收入不增，扩需无疑画饼充饥。正是从这个角度，所以中央强调增加居民收入是扩大内需的根本举措。

政府有意加薪，大家也欢迎，可为何一直雷大雨小，迟迟不见有大手的动作？北京市几年前就已加薪，而国家机关却至今按兵不动。有人说是因国家财政没有钱。我的看法，问题不在钱。这些年，财政收入以30%的速度递增，去年达50000亿，怎会没有钱？依我看，政府是担心给公务员加薪后，企业职工的工资加不了会引发矛盾，导致社会不和谐。

加薪的困难的确在于此。公务员加工资，是财政拿钱，政府可以拍板；可职工工资是由企业发，加不加薪政府说了不算，要由企业视效益定。若如此，干部要是加了薪而职工没加，收入差距拉大，群众怎会没意见？《羊城晚报》记者曾采访我，问我是否赞成公务员加薪，我回答"赞成"，并细说了理由。不料专访刊出后，质疑声四起，每天都有读者来信批评我为何心里只有官员而没有百姓。

天地良心。我一介平民，怎会不关心百姓？问题是，那天记者只问公务员该不该加工资；至于职工和农民，记者没问，我就没说。其实我的观点，最该增收的是农民和职工。倘若政府有钱，应先替农民建社保和给职工加工资，然后再给教师加工资；若还有钱，最后给公务员加。公务员工资，是应该加的，不过在次序上，不该先于工人和农民。我想这也是政府的考虑，不然公务员加薪也不会久拖不决了。

细读党的十七大报告，不难印证我的揣测。比如关于农民，中央说要逐步实现城乡公共服务均等化，建立农村养老保险，完善新农合（医疗）。而对城镇职工，中央则强调提高劳动报酬在初次分配中的比重，建立企业职工工资正常增长的机制。为农民建社保，只要财政愿拿钱，此事不难办；难处理的是城镇职工，职工工资不由财政发，即便财政肯出钱，也未必能加到职工头上去。

举例说吧。一家企业，初次分配会将收入分成三块：职工工资、企业利润与国家税金。收入总量一定，内部结构的变动则此长彼消。比如按中央的要求，在初次分配中提高劳动报酬（工资）的比重，那么利润或税金就得降。减少利润，必将抑制投资，增加失业，因此，利润不能减。若利润不减，工资要提高，剩下的办法只有政府减税。难题在于，政府减税后企业不给职工加工资怎么办？谁敢保证，企业会把政府减税变成职工工资而不是利润呢？

是棘手的事情。近来我日思夜想，想到了提高最低工资标准。为何要如此？因为最低工资有杠杆效应，若将最低工资提高，所有职工的工资都得提高。比如张三是普通职工，月薪800元；李四是技工，月薪1000元。假定把法定最低工资提高到1000元，那么张三的月薪则从800元涨至1000元，而李四的工资就得高过1000元。否则，李四有技术而工资不加，必会辞工走人。技术工人留不住，会影响企业竞争力。两害相权，雇主当然要选择加工资。

值得提点的，对提高最低工资目前学界尚有不同意见。本人也曾说过，提高最低工资会挤占企业利润，排斥就业。当时我那样看是基于一个前提，即政府不减税。若政府减税，情形则另当别论。试想一下，提高工资的增量若不是来自利润而是来自政府减税，企业毫发不损，雇主怎会不肯加工资呢？政府让利给职工，顺水人情企业为何不送？相信雇主不会那么蠢吧？

由此可见，提高最低工资能否带动全面加薪，关键在政府是否减税。党的十七大报告说，要逐步提高居民收入在国民收入分配中的比重。我体会，言下之意就是要让国民收入向个人倾斜。中央一言九鼎，而且白纸黑字写得清楚，现在就看政府如何去落实。从数据看，去年财政收入每年增长30.3%，而居民收入增长不及9%，扣除通胀后会更低。因此适度减税为职工加薪，让群众分享发展成果，是人心所向，政府何乐而不为！

最后总结一下本文要点：第一，当下政府扩需的重点在消费，经济学说，收入决定消费，因此要拉动消费必须全面加薪。第二，公务员加薪是由财政拿钱，故加薪的困难不在公务员，而在企业职工。给职工加薪政府虽不能直接加，但可通过提高法定最低工资标准，让企业给职工加。第三，为确保加薪不挤占企业利润，政府应适度减税，兹事体大，政府应尽快行动。

减税的理由

    我曾在多篇文章提到减税，但不是专门写，也限于篇幅每次都是零散地说，不系统。美国最近受次债危机影响经济不济，于是大手减税，此举得全球瞩目。不巧，中国南方不久前遭受了数十年不遇的大雪灾，损失惨重，为支持灾后重建，国内也有学者提出减税。减税我拥护，但不仅仅是因为雪灾，是从更宽的视角看，这里就让我说说减税的理由吧。

    首先要有个判断，目前中国的税率高吗？对此学界说法不一。由于经济发展水平与体制不同，当然不好简单与国外比。不过国内企业的普遍感受，是税负过重。有专家说，企业负担重并非税高，而是预算外收费多。各种巧立名目的收费当然会加重企业负担；但除此之外，我认为企业税负重也是事实。去年 GDP 增长 10％，财政收入增长 30％，财政收入增速为

GDP 三倍。两相比较，若说企业税负不重，无论你怎样辩解，信你的人不会多。

国内税负达到今天的水平，有历史的原因。过去搞计划经济几十年，政府事无巨细：国家安全、社会稳定、企业生产、老百姓衣食住行等都得管。要大包大揽，花钱的地方多，政府不集中财力咋办？所以当时企业不仅要缴税，而且利润也全额上缴。改革开放后，政府推行利改税，但由于计划经济体制未改，政府花钱的事没减少，而企业不再上缴利润，税自然就得多交。后来税制调整，税率有下降，但总的说今天税负还是处在偏高的水平。

改革 30 年，世事翻新，而最大的改变，是我们告别计划经济转向了市场经济。体制转轨，政府职能也跟着变。尽管政府改革还不尽如人意，但与从前比，政府管的事的确是少了，比如住宅商品化和劳动力市场开放后，许多过去要政府亲历亲为的事，现在则可置身事外。按理说，事权下放，财权也得往下放，可这些年政府财政收入却不减反增。不是说财政收入不能增，经济增长，财政收入当然要增加，但大大超过 GDP 增速不正常。这至少说明，财政目前存在较大的减税空间。

有减税空间是一方面，另一方面，政府减税对经济发展的好处也显而易见。最近中央说，要坚持扩大国内消费需求的方针。减税能刺激投资经济学讲得清楚，没人不同意。要解释的是，当下国内投资增长偏快，减税是否会对投资火上浇油？我的看法，防止经济过热，控制投资有必要，但投资有两类，政府投资与民间投资。政府投资靠财政拿钱，减税虽会增加民间投资，但同时必抑制政府投资。有增有减，总投资不一定会过热。

不过话得说回来，中国有 13 亿人口，不保持一定投资规模，经济不能高增长，失业便将成为头痛问题。奥肯法则说，要使失业率下降 1%，GDP 必增长 2.5%。有专家据此估算，中国的失业率若想控制在 4.5% 左右，那么年经济增长必须稳定在 9%。问题是，发展经济不能空手套白狼，没有投资推动，保持高增长无异痴人说梦。再说，当下中国经济症结在结构，只要结构合理，速度快不是坏事。因此，政府当务之急还是调结构，而重点是收缩政府投资。

我主张减税的另一理由，是减税可以拉动消费。曾说过多次，消费决定于收入。若其他条件不变，个人收入则与税收有关，个税税率越高，个人可支配收入越低；反之个人可支配收入就越高。收入增加，消费也会扩大。这几年，鉴于中美贸易摩擦不断，政府有意启动国内消费，可消费为何引而不发？说到底，还是国人收入低。当年凯恩斯说，随着人们收入增长，消费占收入的比重会下降。现在看，怕是凯恩斯错了。与战前比，今天欧美国家人均收入大大提高，可居民储蓄率却在下降，而且信用消费大行其道。

再想多一层。不仅是个税，企业税（如所得税或增值税）下调，也有利于增加个人收入。中央说，要提高劳动报酬在初次分配中的比例；提高最低工资标准。麻烦的是，工资是劳动力的价格，得由劳动力供求定。政府要求提高工资标准可以，可钱谁来出？政府若不出钱，那么提高工资就要挤占利润。倘如此，企业雇主能听命于政府吗？雇主不傻，最低工资标准一旦提高，为保利润企业会立马裁员。失业增多，这样的结果政府肯定不愿看到。

有两全之策吗？当然有。我的看法，关键是政府要减税。只要政府减税，提高最低工资标准企业则可毫发不损。企业要做的，只需把从前应缴的税，现在作为工资加到员工头上去。顺水人情，企业何乐不为？不过，这只是个大思路，究竟工资加多高，税降多少，尚待进一步测算。而应把握的原则是，加高工资不应侵蚀企业利润，更不应危及到企业的生存与发展。

不错，减税是加工资的前提。奇怪的是，这些年社会各界要求减税的呼声四起，可政府为何一直举棋不定？不敢以己之心度政府，但有一点似可猜中，那就是政府担心减税后财政会歉收。会吗？若了解一点供给学派的理论，我想就不必杞人忧天。举个极端的例子：假如把税率定高到90%，世上没人肯去办企业，政府也就无税可收；而若将税率减低到20%，那么办企业的一定多。企业多了，政府相反能财源广进。

知道商家为何薄利多销吗？政府减税的道理也如是。放水养鱼，薄征广收，不仅功在国家而且利在百姓，还望政府早做定夺！

促就业岂可头痛医头

牛年新春伊始，国内股市回暖，是好现象，令人欣慰。曾说过多次，我一贯看好中国经济前景，今天仍不变。这绝非我冥顽不化，更不会对全球金融风暴视而不见；而是说，从政府当下一整套扩需措施看，力度之大前所未有。只要执行中不出大错，减税幅度再大些，我们没有理由不对中国经济充满信心。

金融风暴对中国经济有影响，不否认；若细说起来，写本书也应该不成问题。不过就主要方面看，我认为最直接的冲击还是出口。最近官方公布的数字，去年 12 月出口下降 7%；而政府今年的目标，是力保出口不负增长。能做到吗？也许能。问题的关键在外部环境。美国经济何时触底尚未可知，人民币仍有升值压力，这样看，今年的出口形势怕是不容乐观。

出口受阻，政府当然改走扩大内需的路。然而发展战略转型，绝不会像汽车变道那样简单，尤其在微观层面，改弦更张要伤筋动骨，岂能一蹴而就？曾赴浙江、江苏等地考察，走访过那里的一些企业，企业主说，以前他们接的都是海外订单，产品主要靠外销。可金融危机后市场突变，一夜间订单锐减。外商不订货，短期国内又找不到新客户，内外交困，企业别无选择，为减亏只得停产关门。

表面看，金融危机冲击的是企业，然而唇亡齿寒，企业关门的后果却是大量的失业。去年 9 月，政府说下岗失业者是 1200 万；而截至上月底，仅农民工失业就达 2000 万。有专家说此数字仍偏保守，是否低估了我不知，也无从查考，但就这 2000 万已不是小数目，全国 2000 多个县，平摊下来，每个县就有近万人失业。我相信西部的情况会更糟糕，内蒙古固阳县委书记许文生告诉我，固阳一个县，去年十一月提前返乡的农民工就有 5 万之多。

是严峻的问题。事关民生，政府对此自不能袖手旁观。年前国务院曾明令国企不得裁员；近日又下发通知，要求中小企业要规范裁员行为。措词委婉，但"保就业"的用意一目了然。平心而论，政府这样做也无可厚非；不过站在企业角度看却多少有些强人所难。不是吗？如今大难当前，生存压力大，不裁员企业能硬撑下去吗？命悬一线，雇主当然不会坐以待毙。假如你是雇主，你会怎么做？大千世界，舍利取义的人一定有，然在商言商，置生死于不顾的雇主不会多。

是的，企业也有自己的难处。问题是企业裁员后政府何以应对？为缓解就业压力，政府最近紧锣密鼓地出台了相关政策。可以看到的，一是加大农村基础设施投资；二是由当地政府组织农民工培训；三是鼓励农民工返乡创业。加大基础设施投资可安置部分农民工就业无疑问，但这只是临时就业。至于农民工培训，应该做，也值得做。这次金融危机，必会推动国内产业调整与升级，假如政府肯花钱培训农民工，不仅可延缓就业，而且对其日后求职肯定有助。但要指出的是，培训非长久之计。人要吃饭，最终还得有地方挣工资。

说到鼓励农民工创业，思路肯定对；用创业带动就业，学界早提过，理论上也无懈可击。不过回到现实来考虑，困难不会少。首先创业要有资本投入，农民工囊中羞涩，请问钱从何来？其次要有好项目，至少产品要有销路，当下消费不振，什么都不好卖，农民工创业做什么呢？前几天在江苏金坛市调研，就此向当地官员讨教过，他们的回答：难、难、难。想来也是，现有中小企业都朝不保夕，而此时让农民工创业，白手起家谈何容易！

转谈我的观点吧。我以为，当前农民工大量失业，根本还在企业开工不足。据说年前珠三角失业的民工节后大量涌向长三角，令江浙一带的求职者猛增了30%。祸不单行，现在长三角的企业不少也是苦苦支撑。自身难保，它们怎敢贸然招人？所以解决就业问题，我认为有效的办法还是支持企业恢复生产。政府近来一手发国债，一手放银根，扩需效果好，有目共睹；但也有美中不足，那就是没有大手地实质性减税。

我这样讲，并非指政府不肯减税。从目前政府的举措看，至少有三条：一是增值税转型；二是加大了出口退税；三是内外资企业所得税合并。骤眼看，这三条都能为企业减负；然而这些措施对多数企业又都是画饼充饥。以增值税转型为例，目今企业惨淡经营，生死未卜，这时谁会花钱去购设备？不购设备，当然享受不了转型的优惠；再比如出口退税与所得税合并，若企业无出口、无盈利，减税政策再好也与它们无干，中看不中用。

实行结构性减税，政府的意图我清楚，无非是想借此推动产业调整升级。但我不明白的是，政府一再强调扩大内需，可减税却在出口上使劲，那么产业结构到底应向何处调呢？我的看法，在当前就业压力下，与其结构性减税，倒不如全面减税有效；而当务之急，是要将增值税调下来。我估计，增值税若能下调五个百分点，多数企业便可起死回生。只要企业开工生产，就业问题也就迎刃而解。

下调增值税，我写过多篇文章。听企业界的反映，一片叫好；问题是政府方面似乎还举棋不定。政府毕竟站得高，要统揽全局，多些顾虑可理解。但若不是别的原因，只是担心减税后财政减收则大可不必。要知道，税率与税收不总是正比关系，对此大学经济学课本说得明白，本人也曾不厌其烦地解释过，限于篇幅，就无需我再说了吧。

限薪并非上策

国企高管的薪酬这几年备受争议，加上媒体推波助澜，吵得厉害。也难怪，当下国企经营者年薪动辄百万，有的甚至数千万，高得离谱，旁人要说三道四无可厚非。前些日子政府出台限薪令，规定金融高管薪酬不得超过 280 万。为何是 280 万政府没细说，不过看报纸，社会各界皆叫好，此举深得人心无疑问。

说我自己的感受。在党校任教授，月薪数千不算低，可见别人日进斗金，硬说一点想法没有是骗你。不过也就是想法而已，回到经济学理性，对政府今天限薪的效果却有疑虑。想当年，对国企高管工资也曾封过顶，最高不能超过员工平均工资五倍。可后来执行怎样呢？龙头蛇尾，不了了之。其实，企业由内部人控制，高管巧立名目拿钱的由头多的是，政府纵有三头六臂，想管也未必管得住。

当然不是怀疑政府的权威。令行禁止，政府此番出面限薪，相信近期没人会敢闯红灯。然而我想问的是，此次限薪要限多久？是长久之策还是权宜之计？倘若只作为应对金融危机的临时措施，我无话说，完全赞成。相反，如果限薪不是应急安排而是长期政策，那么我反对。别误会，绝非有意为高管说话，只是从经济学角度看此举实在与理不合；退一万步，即便要给高管降薪，政府也用不着大动干戈。过去用行政办法管经济吃过苦头，今天故伎重演不是上选。

我不赞成政府限薪，理由其实很简单。所谓薪者，工资也。企业高管的年薪，说白了就是他们管理企业的报酬。这样看，年薪的高低，就得按管理者的贡献定。贡献愈大，年薪愈高。举个例，假如年薪按企业利税百分之一提，企业利税一个亿，年薪为 100 万，利税三个亿，年薪则为 300 万。可现在政府要将年薪封顶，最高只能 280 万，这无非是说，政府要对经营者的贡献设限。不是吗？企业利税若超出 2.8 亿，经营者则不可多取分文，这样他们哪有进取的动力？

是的，当下国企高管薪酬的症结，并不在年薪的高低，而是年薪制度设计有缺陷。这几年我走访的企业不少，与职工座谈，发现职工对高管薪酬有意见，不完全是因为高管拿钱多，而是年薪未能与贡献挂钩。大家议论较多的一种现象，是有些人本来在政府为官，对管理企业不在行，可一旦感觉升官无望，就设法转入国企任高管，摇身一变年薪则上百万。是他们对企业贡献大吗，非也。对企业无贡献却拿高薪，无功受禄老百姓怎会没意见呢？

不仅如此，说现行年薪制度设计有缺陷，我认为最大的问题还是高管自己给自己定年薪。要知道，国企不同于民企，民企董事会可以定年薪，那是因为董事都是出资人，拿自己的钱发工资，有利益约束自然不会乱来。可国企高管不是出资人，董事会不过是出资人代表，是拿国家资产办国家企业，若年薪由董事会定，无疑是用国家的钱给自己发工资，钱不烫手，自己说了算当然是多多益善。这些年国企高管年薪升得快，原因虽多，但说到底还是与这种自己给自己发钱的机制有关。

蹊跷的是，年薪虽由董事会提方案，但董事会也非一手遮天。按规定，方案最后还得拿到国资委去批。国资委由国务院授权，管人管事管资产，大权在握可为何不严加把关呢？曾与国资委的朋友交流过，他们说国资委权力是不小，可对企业来说，国资委终归是局外人。由于信息不对称，怎好轻易否决企业的方案呢？何况董事会成员不蠢，既然敢将方案提交，一定是有备而来，理由可以说得天花乱坠。人家有理有据，国资委总不能平白无故卡住不放行吧？

是头痛的问题。以企业经营业绩为例，高管的年薪通常与经营业绩挂钩，可业绩怎样考核很复杂，不容易说得清。比如前几年煤炭价格飞涨，煤炭企业赚得钵满盆满，你能说高管有多少功劳？不好说吧！再有国家垄断行业，虽是靠政策赚钱，但你能说就没有高管的贡献？当然不能。困难在于，高管究竟对企业有多大贡献，当事人心里有数，可旁人很难说得清。既然说不清，清官难断，国资委官员也只好听之任之了。

不过我还想到另有一层，算小人之心吧。国资委官员对企业年薪把关不严，也许多少有送顺水人情的成分。反正钱是国家出，别人多拿钱而自己毫发不损，事不关己谁会斤斤计较得罪人？前面说过，当下政府官员到企业任职是常事，而国资委官员近水楼台，被派进企业做高管的机会更多。问题就在这里，只要主事官员心存此念，他们当然要为自己留后路，与人方便与己方便，有利益在，自然没必要对企业年薪高低过于较真。

上面种种，说的都是现在年薪制的缺陷。问题摆在那里，没人会否认，然而亡羊补牢，关键在如何对症下药。最近苦思冥想，我觉得经济学的分粥原理似可借鉴。比如一群人分粥如何才能避免苦乐不均，经济学的答案，是不能让掌勺分粥的人先取，而让别人有优先选择权。若将此引入年薪管理，道理也相通，年薪仍可由企业定，但谁去做高管，必须公开招聘，若条件相同，外部竞聘者优先。机制一变，高管自不会漫天要价。

用岗位竞争代替行政限薪，一招制胜又易于操作，当说是个好办法。而且经验表明，复杂问题简单处理往往有奇效，可以事半功倍。眼下政府正有意干预高管年薪，那么国资委何不放开高管职位竞争呢？当断不断必有后患，还望政府高层早下决心！

财政与金融

勿误读"积极财政政策"

前段时间学界一直在议论"积极财政政策"该不该淡出？参加过几个座谈会，见仁见智，赞成与反对的声音皆有，但总体还是主张淡出者多。两周前中央召开经济工作会，明确说明年积极财政政策不变。中央定了基调，照理我不必再写文章。然而与多方朋友交流，感觉不少人有误解，以为"积极财政政策"就是政府举债投资。这样理解虽非全错，但也不全对，事关大局，我认为有必要再澄清一下。

何为"积极财政政策"，国外是否有文献解释过我不知，但可以肯定，在今天的西方经济学教科书里绝对找不到，应该是朱镕基总理的发明吧。10年前我接待过几位美国学者，谈到"积极财政政策"大惑不解。他们问：财政政策只有扩张性（赤字预算）与紧缩性两种，何来积极财政政策？在经济学里政府举债其实就是扩张性财政，中国何必别出心裁称"积极财政政策"呢？我的答复是，中国政府举债投资是为了保就业，不仅动机积极，而且效果也积极，所以是积极财政政策。

我自知这样回答难以服人，因为西方国家政府发债投资也是保就业，从就业的角度看，人家与我们没啥不同。可问题是朱镕基总理当年为何不称"扩张性财政政策"而改用"积极财政政策"？实话说，我当时的想法是认为朱总理有难言之隐。1998 年国务院政府工作报告给宏观政策的定调，是财政与货币政策皆从紧，可亚洲金融危机后中国经济大幅下滑，2000万人失业，此情此势，若不改弦更张经济将难以为继。而困难在于，上届政府刚确定"财政从紧"，而朱总理一上任就扩张，掉头太急场面上怕不好说。

事隔多年，现在回头看，自己当初不过是小人之心度君子。其实，所谓积极财政政策，并不单指财政扩张（赤字预算），同时也包括减税。这并非我的主观臆断，有事实为证，比如去年国务院实施积极财政政策，政府一方面发国债，而且也同时推出了结构性减税。不错，我反复想过，积极财政政策的确应包含发债与减税两方面，发债扩大政府投资是积极财政政策，减税支持民间投资也是积极财政政策。即是说，但凡能刺激投资的所有财政举措，都是积极的财政政策。

要解释的是，既然积极财政政策包含减税，可学界为何只将它与政府发债（赤字预算）相提并论呢？说起来，这其实也是事出有因。1998年首次推出积极财政政策，人们所看到的，是中央财政发行了1000亿特别国债（同时向商业银行借了1000亿配套贷款）投资基础设施，而当时并未减税，不仅如此，下半年还多追收了1000亿的税；而本次政府启动积极财政政策，仅中央发债就达7500亿，中央替地方发债2000亿，规模之大前所未有。眼见为实，这样人们把积极财政政策等同政府举债也就不足为怪了。

是的，人们这么看不是毫无根据。但我要指出的是，1998年那次政府投资基础设施，是因为基础设施当时是国民经济的瓶颈，拓宽瓶颈不仅有利于调结构，也可增加就业，一箭双雕政府当然应该投。然而今天已不同于以往，经过上一轮投资，基础设施已不再是短腿，再加多投资不过是锦上添花。事实上，基础设施太超前也是闲置，何况财政有挤出效应，政府发债越多，日后企业税负会越重，挤出的民间投资也越多。众所周知，中国的就业主要集中在中小企业，政府投资挤民间投资，对就业无疑是得不偿失。

我说积极财政政策包含减税，是基于另一个判断，即明年的国债规模会小于今年。依据是，按国务院年前的部署，今明两年扩需总共投资四万亿，而其中安排国债（新增投资）是一万亿。而今年已发国债7500亿，这样明年国债最多是2500亿—3000亿。国债规模大幅缩减，表明扩张的财政政策开始淡出，可中央为何说明年积极财政政策不变呢？由此看，所谓积极财政政策不变，绝不是指财政的发债规模不变，而是政府刺激投资的取向不变，说得更明白些，是减税推动投资的政策不变。

曾说过多次，财政发债是增加政府投资；减税是增加企业投资。若明年积极财政政策重点是减税，那么对企业（特别是中小企业）一定是利好的消息。财政部估计，今年实施结构性减税（加上停征部分行政收费），政府能为企业让利 5000 亿，到底有没有 5000 亿尚未可知，但我认为 3000 亿肯定有。若明年继续执行结构性减税，政府让利的额度会更大。其理由简单：今年经济不济，尽管国家出台了增值税转型等一揽子减税措施，但由于企业不添设备，加上出口受阻或无盈利，所以减税政策对多数企业是画饼充饥。可明年不同，随着经济回暖，有专家预计明年减税将不会少于 5000 亿。

前几天在清华大学演讲，有学员问，国务院对积极财政政策重点转向减税有明确说法吗？明确的说法还没有，是我的推断。不过研究经济数十年，相信这推断不会错。中央强调，明年经济要保持平稳较快增长，而同时又说财政投资将转向民生，既如此，政府要拉动经济继续较快增长就得靠民间投资，而支持民间投资必减税。舍此无他，难道还有别的选择吗？

货币政策当以静制动

近两年央行接连加息，自去年 5 月以来，存款准备金率也上调五次，央行这样处理，目的显而易见是紧缩银根，抑制投资过热。看学界的反应，一片叫好，虽有不同的声音，那也是认为此次存款准备金上调仅 0.5 个百分点，担心对当下过热的投资势头于事无补。

央行用货币政策工具调节经济，司空见惯，似乎无可非议。但经济学说，货币政策目标是稳定通货。所以要考虑的是，央行究竟该怎样做才能恰到好处，既不通胀，又不通缩。有前车之鉴，1988 年治理整顿、收紧银根，1990 年跟着市场疲软，1992 年增加货币投放，1993 年出现通胀，于是货币政策再转向从紧，不承想，1998 年后又出现了通缩的趋势。

世事如棋，变幻难料。不过从理论方面看，货币投放与物价，并非猫捉老鼠，看破现象，却有规律可循，对此学界著述很多，讨论也不少。50多年前，关于货币政策"规则"对"权变"的那场争论，曾轰动一时，今天作简单回顾，我们兴许能从中得到某些启示。

以国家干预经济为基调的凯恩斯学派，倡导"相机抉择"的所谓"权变"政策，在他们看来，经济生活仿如一条有着荣枯周期的河流，而货币供应就是一道闸门，政府作为"守闸人"，应时刻根据"河流"的荣枯状况，相应地关闭或开启"闸门"，从而达到平衡货币供求、缓解经济波动的目的。

由于凯恩斯主义一直是战后经济学的"主流"，因此，"权变"的货币政策自然成为西方各国的正统，大行其道。不过，自上世纪50年代后期起，一股反对"权变"的理论旋风从美国东部刮起，高举这支反旗的领袖是现代货币主义学派的"掌门人"弗里德曼，这位个头矮小但思想超卓的经济学家，雄辩滔滔地对凯恩斯的"权变"政策进行了批判。

弗里德曼认为，"权变"政策不仅事实上很难收到预期效果，甚至会适得其反，造成经济的大起大落。据此，他力主政府放弃传统的"权变"政策，而建议用一种预先制定的对货币投放有约束力的"规则"取而代之，比如，把货币供应的年增长率，长期地固定在与经济增长率以及劳动力增长率大体一致的水平上。这就是所谓著名的"简单规则"或"单一规则"的货币政策。

弗里德曼用铁证如山的历史事实证明，"相机抉择"的货币政策往往会使经济更不稳定。他通过对历史大量统计资料的考察和实证研究，指出货币政策只有在经历了一个易变的、长期的"时滞期"后才能作用于经济。具体地说，从中央银行货币供应的变化到经济生活中反映出这种变化之间，存在着两个"对滞"：货币增长率的变化平均需在 6—9 个月以后才能引起名义收入增长率的变化；在名义收入和产量受到影响之后，平均要再过 6—9 个月价格才会受到影响，因此，货币政策生效的时间往往要经过一年或一年半的时间。

正是由于存在这 12—18 个月的滞后效应，所以弗里德曼说，中央银行难以掌握成功实施"权变"政策所需的必要信息，无法准确预测经济的未来走向，更不用说去把握现实社会对货币政策作出反应的时间和程度，这样，政府在扩大和收紧货币供应量时，就难免会做过头或做不到位：要么对经济刺激过度，要么紧缩过度，从而导致与最初愿望相反的结果，更加促成经济的波动和不稳定。

由此可见，政府要担当好"守闸人"并非易事，弗里德曼认为，政府与其手忙脚乱，倒不如无为而治，制订出一个长期不变的货币投放增长的比例规则，比如，货币当局在确定货币供应量时，牢牢盯住两个指标：一个是经济增长速度，另一个是劳动力增长比例，并把货币供应的年增长率控制在这两个指标之内，如此以静制动、以不变应万变，反而可以使经济趋于稳定。

根据自己的估算，弗里德曼指出，美国每年需要增加货币1%或2%以配合人口和劳动力的增长，再加上年产量平均增长约为3%，若再考虑到劳动力的增长和货币流通速度会随着实际收入的增加而下降的趋势等因素，美国货币供应的年增长率可定在4%—5%。这种简单规则的货币政策，实际上是政府为货币供应确定的一条稳定航线，只要货币当局始终遵循这条航线，那么，经济的大幅度波动才能得以避免。

由于凯恩斯主义的"权变"政策无法化解西方国家的"滞胀"，所以多数市场经济国家都先后实行了"简单规则"的货币政策，瑞士、德国、日本则被认为是由于实行稳定的货币增长政策而控制了通胀；当年以撒切尔夫人为首的英国保守党政府，更是唯"简单规则"是瞻，美国里根总统上台后所提出的"经济复兴计划"中，也把控制货币供给量作为主要项目。"简单规则"货币政策所产生的深远影响，足可窥其一斑。

回头再说中国。据统计，2002年至2006年，货币供应（M2）年平均增长17.1%，而同期GDP年增长约10%，可见我们的货币供应增长偏快。为稳定物价，避免经济大起大落，长久之计，应借鉴简单规则的货币政策。我的看法，考虑到经济增长与劳动力增长，可把年货币供应（M2）增长率稳定在14%以内。利率可根据通货指数调节，但存款准备金率不宜轻易动它。公开市场业务，也应预先纳入货币供应总盘子，不可作为瞬间调节的应变措施。

加息不能压缩流动性

最近几月，"流动性过剩"已成焦点，而我对货币供应过度的判断不怀疑。可观察的指标，是银行存贷差。手头有两月前的数据，整个银行体系存款余额为 35.9 万亿，而贷款余额为 24.8 万亿，闲置资金达 11 万亿。经济学说，流动性过剩，会引发通胀、导致经济过热，因此，压缩流动性事关大局，政府不可能不重视。

要讨论的是，减少流动性政府该如何处理？学界一直有人支招，建议央行大幅加息。我的看法，央行发行定向票据或提高存款准备金，皆可回笼货币，办法对。但不明白加息怎能减少流动性？简单的推理，流动性过剩，表明货币供给过多，而推高利率，只会减少货币需求，供应未变，难道流动性能自己不翼而飞？

我与"加息派"的分歧，在对利率的认识。现在的经济学教科书，众口一词说利率是政府调节经济的工具。利率是工具吗？老实说，我有疑问。因为按教科书的解释，利率是货币的价格。既然是货币之价，那么利率得由货币供求定，政府怎可人为加减？奇怪的是，对一般商品价格，大家反对政府插手，可为何对货币价格，却反而希望政府操纵呢？

以错攻错，乃雕虫小技。不过只此一问，就会发现"利率工具论"错得明显。其实，我并不同意利率是币价之说。我的观点，货币的价格不是利率，而是它的购买力。比如，一把斧头的价格是10元，那么反过来，则可说10元货币的价格是一把斧头。是的，作为固定充当等价物的商品，货币之价只能用所购得的物品数量去表现。

还有个证据，可以支持上述观点。读经济史便知，利息的出现，不仅要早于货币，而且在没有货币的地方，付息现象也比比皆是。早年在中国民间实物借贷就很普遍，春借粮两斗，秋还两斗半，那多还的半斗自然是利息。半斗"利息"除以原来借的两斗，比值就是利率。在这里，我们根本看不见货币，但利率却照样有，显然，利率是币价的说法不可信。

利率不是币价，但这也不是说利率就可由政府操控。说过了，决定利率高低的除了借贷之数，还有利息之量。那么利息为何物？它如何定？对此，有两位经济学家不可不提，一位是19世纪末奥地利的庞巴维克，他说由于现在的钱贵于将来的钱，若现在想要提前预支将来的钱就须付价差，这个价差就是利息。即是说，利息是货币的时滞之价。

另一位是美国的费雪。与庞氏比，费雪的观点大同小异，但角度不同，引出的含义也不同。费雪说，虽然人性普遍不耐，但程度却有高低之分，有人很不耐，有人稍耐些。于是，不耐的人要即时享受，就得用将来的期货交换稍耐人的现货，为达此目的，不耐的一方必须给稍耐的一方付息，简言之，费雪认为，利息是"耐"的报酬，"不耐"的代价。一个人越不耐，所付利息就越多，利率也就越高。

我赞成费雪的分析。仔细想，的确是不耐程度决定了利率。比如战乱时期，人们生死难卜，前景暗淡，于是不耐上升，利率通常被推高；反之太平盛世，人们丰衣足食，人心安定，不耐下降，利率也下降。另一个例子，是国债利率与银行利率。为何国债利率通常要高于银行利率？原因是政府不耐，要着急找钱弥补赤字。再有，当下国内民间借贷利率为何也普遍高于银行利率？答案是银行审贷繁琐、时间长，有人不耐等待，宁愿支付更高的利息。

类似的例子多，不必再罗列。重要的，是费雪的利息理论究竟能给我们哪些启示。大致说，我认为有三点：首先，利率是由不耐决定，与货币供应无关。上面的例子，国债利率与民间利率均高于银行利率，并非货币供应有何改变，而是政府与厂商的不耐导致了利率差别。由此推出的政策含义是，央行抬高利率，不能减少货币供给。换句话说，流动性过剩，不能用加息来解决。

其次，影响不耐的因素都会影响利率。比如出现了通胀，人们预期未来物价会大涨，不耐程度加剧，于是纷纷贷款消费。如此寅吃卯粮，利率肯定被拉高。这也是为什么通胀时期美联储要加息的原因。很多人以为，美联储加息是为了控制通胀，其实不然，恰恰是通胀引起了加息，加息只是通胀的结果，不是压制通胀的手段。弗里德曼说，通胀始终是货币现象，控制通胀的唯一办法，是收紧货币供应。

最后，脱离不耐加高利率对经济有害无益。还是举通胀的例子。假如基点利率4%，而通胀指数2%，那么市场利率应升至6%。但如果为了压制通胀，央行把利率提高到8%，结果如何？那一定是贷少存多。问题是，银行高息吸存却不能贷出，岂不要被憋死？若银行不想关门，自会设法变通。但只要银行把钱贷出去，需求就不会减少，政府控制通胀，仍是竹篮打水一场空。

综上分析，利率只是市场信号，并非政府可以摆布的工具，因此，那种认为加息可压缩流动性的观点是错的；认为加息可压缩通胀的观点也是错的。对付通胀，关键在压缩流动性；而减少流动性，治本之策是控制货币发行。不然，货币源头管不住，总在下游动脑筋，东堵西堵，流动性仍会泛滥成灾。对此，政府当有清醒的认识。

涨价未必就是通胀

人民日报《环球人物》的记者要采访我，郑重其事，事前给我一个采访提纲，大意是问，居民消费品涨价会否导致通胀？笼统地说，不好答。但如果问近期 CPI 上涨能否带动通胀，我的答案肯定，当下消费品价格上涨不会带动全面物价上涨，更不会诱发通胀。

很多人以为，涨价就是通胀。其实不然，通胀会涨价，但涨价未必是通胀。经济学大师弗里德曼说，通胀始终是货币现象。只有当货币供应过量而导致货币贬值时，物价上涨才是通胀。反之，若是由于某些商品短缺引起价格上升，则不是通胀。此为经济学常识，大学教科书白纸黑字写得清楚，无需我多费笔墨。

国家统计局公布，5 月份的 CPI 为 3.4%，是通胀吗？不应该是。从数据看，上月的物价上涨，主要是食品涨价所致。据中金公司估计，食品涨价对 CPI 的贡献为 0.24%，其中肉禽涨价对 CPI 的贡献 0.6%，水产品为 0.14%，蔬菜为-0.5%；而非食品仅占 0.07%。综合起来，食品与非食品使 CPI 上涨了 0.3%，加上去年 5 月 CPI 环比是-0.1%，故今年 5 月 CPI 与 4 月环比提高 0.4%。

由此看，近期物价上涨有三个特点，一是肉禽涨幅最大；二是食品涨幅超过非食品；三是消费品涨幅超过服务品。究其原因，是去年饲料价格居高不下，生猪饲养成本高，出栏价格低，养猪无利可图，造成今年供给减少；而另一方面，城市肉类需求有增无减，供不应求，肉类价格自然陡升。受其影响，部分消费者转向禽类和水产品消费，于是这类产品价格也随之升高。

显然，5 月 CPI 上涨是由于肉禽供应减少，不是通胀。但问题是，肉禽产品涨价，会不会带动下游产品涨价？比如，猪肉价涨，会不会令猪肉罐头价涨？猪肉罐头价涨，会不会令全社会工资上升而加大工业成本，从而诱发价格普遍上涨？理论说，通胀既可由需求拉动，也可由成本推动。而我的看法，需求拉动通胀是对的，但成本推动通胀却大可商榷。

不是说成本不能推动通胀，而是这样必须有一个前提：就是商品全面短缺。马歇尔讲，供求决定价格，没有错。但若商品短缺，价格则由卖方定。道理简单，既然供给不足，皇帝女儿不愁嫁，价格当然要由卖家说了算。通行的做法，是成本加利润。如此一来，上游产品价涨，必使下游产品成本增加，而成本增加，又推动价格上涨，如多米诺骨牌，连锁反应，最终会导致物价全面上涨，货币贬值。

反过来，假如社会上商品普遍过剩，成本则不会推动通胀。比如猪肉罐头过剩，肉价上涨，罐头价格不会涨。因为天下没有那样蠢的商家，产品卖不动还加价，即便敢加，消费者不肯买，高价也就形同虚设。同样道理，假若汽车过剩，钢材涨价汽车不会涨价；纺织品过剩，棉花涨价纺织品不会涨价；家具过剩，木材涨价家具不会涨价。由此类推，上游产品涨价，下游产品不涨，通胀则不会发生。

是的，商品供大于求，价格转由买方定，是需求决定价格，价格决定成本。举猪肉罐头的例子，若消费者只肯花10元买一听罐头，猪肉涨价，罐头的成本从原来的9.5元增至10.5元，此时厂家若要赚钱，唯一办法是压成本，否则，就只能天天赔钱，直到停产关门。从这个角度看，上游产品涨价，不会带动通胀，而是迫使下游企业改善管理，降低成本。

照此分析，当前中国经济整体过剩，肉禽等食品类价格上涨，当不会引起通胀。再说，近年来我们的经济增速达10%，而物价上涨年均不到3%，相比之下，涨幅不算大，经济学说，只要把物价涨幅控制在经济增速之下，都是适度的。既如此，那么人们为何对上月CPI 3.4%如此敏感、谈"涨"色变呢?

我猜测,这里有两个原因。一是对通胀理论不明就里,以为任何时候成本都会推动通胀;二是传统思维定势,认为食品关系国计民生,价格不能涨。第一点已解释,不再说;而对第二点,我不赞成。不错,一直以来,农民都是在用廉价农产品保障城市供应,尤其是计划经济时期,政府通过价格剪刀差,让农业为工业积累大量资金。可今非昔比,现在是市场经济,我们为何不把农产品价格交给市场调节呢?

说农产品价格不能涨,是偏见。可以理解,吃惯了便宜的大米、肉禽,现在陡然涨价很多人会不适应。但不适应并不意味着农产品就不能涨。只要供不应求,工业品价格可以涨,农产品照样可以涨,市场规律,天经地义。过去农产品过剩,价格下跌,是农民吃亏;现在农产品短缺,价格该涨却不让涨,还是让农民吃亏。换位思考,站在农民的角度想,你觉得这样公平吗?

其实,农产品价格适度上涨,不是坏事,至少有利农民增收。多年来我们希望农民增收,政府也千方百计,差不多把政策用到了尽头。而眼下农民有增收的机会,我们何不顺水推舟呢?说过多次,农产品比价低,农民不富裕,不是农业天生弱质,更不是农民不勤劳。相反,是为了保证城市需要,政府不仅让农民多增加供应,而且还不断地调控产品价格。

面对肉禽价格上涨,愚见以为,政府最应该做的不是动用储备平抑价格，而是补贴低收入群体。食品适度涨价，对高中收入者的影响，其实微不足道，因此，真正需要政府照顾的只是低收入者。只要低收入者生活水平不下降，食品涨价则无伤大局。至少，政府不应该、也没必要为了让高中收入者买到便宜的肉禽而牺牲农民的利益。

谁是通胀的推手

先声明，我作此文并非秋后算账，更无意主张追究谁的责任。本文的重点，是要对通胀的发生机理做分析。最近消费物价连续三个月下行，人心趋稳，这时候讨论通胀恰逢其时，若能把通胀的真实原因弄清楚，正本清源，不仅可校正视听，还可避免当下某些错误观点以讹传讹再误导政府今后的决策。

中国近两年的通胀，据有关专家称是由农产品涨价推动的，其理由言之凿凿：一是农产品涨价先于工业品涨价；二是农产品的价格涨幅也明显高于工业品。不否认，以上说的皆事实，而且也有数据支持；然而尽管如此，但却不能证明通胀就是由农产品涨价推动的判断。在我看来，这些"事实"不过是通胀的表现而非原因，就像人感冒了会咳嗽，但咳嗽并不是感冒的原因，不可倒果为因，混为一谈。

我曾多次说过,通胀只可能由需求拉动。可今天人们为何仍然相信农产品涨价能推动通胀呢?我想,这恐怕与教科书讲"成本可推动通胀"有关。是的,农业作为上游产业,农产品涨价会推高工业产品的成本,成本增加,工业品也势必涨价;价格普涨,于是货币贬值,通胀就出现了。骤然听,这分析似乎有道理,但细想却未必对。其实,讨论价格决定有两个分析框架:一是成本决定价格;二是需求决定价格。

举个例子。某食品加工企业生产月饼,如果农产品(月饼原料)涨价,生产月饼的成本会增加,生产成本增加后月饼会否涨价呢?经济学的回答,若月饼供不应求价格当然会涨,因为供应短缺,价格涨了也有人买;反之若月饼供过于求,成本增加价格却涨不了。想想看,月饼本来就过剩,若再涨价你卖给谁?有个大家熟知的现象,每年中秋节后月饼会立即大减价,为什么?是成本下降了么?不是,月饼的成本没变,是需求减少了。

由此可见,如若商品过剩,价格是由需求定而不由成本定,也正是在这个意义上,所以弗里德曼讲"通胀始终是货币现象"。这是说,如果一个国家经济过剩,而这个国家又如果同时发生了通胀,那么唯一的可能就是央行多发了钞票,舍此不会有别的原因。换句话讲,只要央行能管住货币发行,不仅成本不可能推动通胀,物价结构性上涨也不可能演变为通胀。

让我用个简化的例子解释吧。假定一个国家一年只生产两种产品：一吨大米与一台冰箱，一吨大米价格为 2000 元；一台冰箱价格为 1000 元。而该国央行当年投放的货币也正好是 3000 元，这样总供给等于总需求，通胀当然不会有。即使物价出现结构性上涨，比如一吨大米从 2000 元涨到了 2500 元，通胀也无以发生。因为受货币供应（3000 元）约束，一吨大米涨 500 元，冰箱就得降 500 元，否则冰箱不降价就只能压库。

可现在奇怪的事情发生了，一吨大米涨价 500 元，而冰箱的价格却不降反升，也涨了 200 元。何以会如此？若照前面专家的说法，是农产品（大米）涨价推动了工业品（冰箱）涨价。这说法可信么？不知别人信不信，反正我不会信。怎么可能呢？如果不是央行背后悄悄多发了 700 元的货币，大米涨价后冰箱价格怎会涨得了？所以我的观点，通胀的推手只能是央行，除了央行谁也没有这样的能量。

这样讲绝无指责央行的意思，多发货币，央行往往也有苦衷，是不得已的无奈之举。而我想说的是，不管央行是何理由发多了货币，但都不可移花接木，把通胀归结到农产品涨价上。不然大家都这么说，久而久之政府信以为真就会去打压农产品价格。这样板子打错了地方不仅通胀治不了，到头来还会弄巧成拙，令农产品涨价的压力越来越大。

有前车之鉴。上一轮（2007 年）国内物价上涨，就曾有人说是肉禽产品推动，于是政府便出手限制肉价。其实，当年肉价上涨，是因为国际饲料市场价格上涨后农民不愿养猪，而猪肉供不应求价格才涨，这本不必大惊小怪，只要政府不管，肉价放开，供应多了价格自会回落。可结果呢？由于政府管制了肉价，农民更不肯养猪，致使肉价上涨火上加碳。最后没办法，政府只好一手限价格，一手发补贴，甚至还闹出为母猪上保险的笑话。

无独有偶，另一个例子是粮价。有个问题我之前一直弄不懂，中国13亿多人口，18亿亩耕地，人均一亩多地怎会缺粮食？几年前回老家才知现在耕地撂荒有多严重。当年我在乡下种地时水稻一年种两季（早稻、晚稻），而今天统统改种一季，耕地等于变相撂荒了一半。问原因，乡亲们说粮价太低，种粮不划算。既如此，政府何不放开粮价呢？原来，政府也是担心粮价上涨推动通胀。

写到这里，读者应该明白我为何要反对"农产品推动通胀说"了吧？这些年，只要国内一出现通胀，人们就把原因归罪于农产品，明明是央行闯的祸，但板子每次都打在农民身上，代人受过，对农民实在太不公平。我们天天讲要增加农民收入，可农产品一涨价就大打出手，这岂不是叶公好龙？当然，也许有人说农产品涨价会伤及城市低收入者。不错，低收入者应该照顾，但政府可给他们补贴而不必牺牲农民利益呀。

所以我要大声说：通胀只会由央行推动，"农产品推动说"可以休矣！

评点人民币国际化

前些日子人大校长陈雨露教授来党校做讲座，讲题是"人民币国际化战略"。原以为曲高和寡，听众不会多，可结果教室爆满大出我意料。那天我是应邀做点评，自己曾是人大的学生，给母校校长点评不免忐忑。好在陈教授也在党校学习过，他是学员而我是教师，这样想也就心安理得了。

由于事前没拿到讲稿，没准备，所以我点评只能临阵磨枪。现在回忆，那天我似乎没说赞扬主讲人的话，并不是不同意他的观点，恰恰相反，有关的几个重要判断我们完全一致。之所以不赞他，是因为在我看来学术应该求异求新，而且当面赞扬也有吹捧之嫌。出于此考虑，我那天主要是对陈教授的观点做拓展，当然也谈了自己的看法。

主要是三个方面，让我分点说：

一、关于国际货币体系改革的目标。陈教授认为，当今国际货币体系虽"以美元为主，一主多元"，但未来将会走向美元、欧元、人民币"三元制衡"的格局。这判断我同意，不过与陈教授不同，我认为"美元为主"被打破，原因并不只是欧元、人民币要崛起，也有美国自身的问题。而最主要的，是美国今天有巨额的贸易逆差。何以如此？说起来原因很多，但归根到底是美元霸权使然。读者想想，数十年来美元一直"一主独大"，天下通吃怎会不逆差呢？而可肯定的是，美元长此必盛极而衰。就好比一个人，大脑是靠心脏通过动脉血管供血，然后由静脉血管回流到心脏，假如将静脉血管卡住，大脑是不是要爆炸？

再说欧元与人民币。时下由于欧债危机，很多人认为欧元未来会一蹶不振，甚至会解体。说实话，我不那么看。毕竟瘦死的骆驼比马大，而且欧洲的问题欧洲人会处理，欧元再度崛起只是时间问题，旁人不必杞人忧天。倒是人民币要不要国际化值得研究。我的观点，人民币是应该国际化的。人民币国际化中国不仅可取得铸币收入、避免汇价风险、减少外储；而且更重要的是在国际事务中可拥有更多的发言权。就冲着这一点，炎黄子孙没有理由不支持人民币国际化！

二、关于人民币国际化的步骤。陈教授说，人民币国际化要分三步走：第一步是周边化并同时成为计价结算货币；第二步是亚洲化并实行资本账户开放；第三步是全球化而最终成为储备货币。原则上，我也赞成这三个阶段的划分，但对每个阶段需多长时间却拿不准。陈教授说每阶段是十年，但为何是十年他语焉不详，讲座时只提供了经验数据。比如前两个阶段（从国际化起步到资本账户开放），日本用了 16 年，英国用了 18 年，德国则用了 20 年，于是他断定从 2010 年算起到资本账户开放中国也需 20 年。

经验数据当然可参考，但国情不同，我认为不能这样照葫芦画瓢。以日本为例，上世纪 80 年代日本就宣布"日元国际化"，可 30 年过去日本今天的出口仅 40% 用日元结算，进口更低仅 20%。另外据 IMF 数据显示，日元在国际储备中的份额不到 4%。可见日元虽说是国际化了，但程度其实并不高。由此看，中国人民币的国际化也不会一帆风顺，要成为国际储备货币会更难，所以我们要做长期努力的准备。

不是有意要扫兴。我的分析是这样，倘若有一天人民币真的国际化了，那么中国从国外进口商品就无需再付外汇而可直接用人民币支付。大家知道，人民币是一张纸，买人家东西给对方一张纸，说白了其实就是我们给人家打了张借条。说人民币国际化难，难就难在人家要肯接受我们的借条。举个例，李嘉诚在香港购物可以打借条而我却不可以，为什么？因为李嘉诚富甲一方，我一穷书生当然不行。同样道理，人民币要国际化，首先得自己有实力，要让人相信我们有兑付能力，否则我们想国际化也化不了。所以人民币国际化作为目标不能动摇，但我不主张列时间表，走一步看一步也许更明智。

三、关于金融开放后的国家控制力。陈教授强调金融开放后国家应保持高度的控制力。这观点无疑是对的，我赞成。但对人民币国际化是双刃剑的说法我有保留。所谓双刃剑，无非是指人民币国际化有利有弊，在给我们带来利益的同时也会带来负面影响。什么是负面影响？目前众说纷纭，但大家说得多的一是汇率难以稳定；二是政府宏观调控会被弱化。

是的，人民币一旦国际化，汇率确实难以稳定。蒙代尔不可能"铁三角"已证明，一个国家在"货币发行权、资本自由流动、汇率稳定"三个目标中，只能具其二，不可能三者同时得兼。显然，货币发行权中国不能放弃，而人民币国际化后资本要自由流动，这样汇率就不可能稳定了。于是有人担心，一旦即期汇率与远期汇率出现偏离国际投机资本就会来中国套利。我不怀疑会有这种现象，但这正好是市场机制稳定汇率的过程，不是什么坏事，算不上负面影响。

至于宏观调控的效果，我承认，人民币国际化后宏观调控会比现在复杂。比如国内出现通胀央行会收紧银根，但国内银根收紧境外人民币会进来，这样调控效果会打折扣。可即便如此，我也不认为是人民币国际化的负面影响，恰恰相反，只能说明现在的宏观调控需要改进。比如防通胀，央行其实只需将货币增长盯住经济增长，大可不必反复调币量，这道理我讲过多次，行内的朋友也应该懂，篇幅所限恕我不重复。

汇率与出口

稳住汇率是大局

最近举行的第二次中美战略经济对话，汇率问题仍是焦点。人民币币值该不该升？利害攸关，政府当然要慎之又慎。面对美国的压力，央行行长周小川回应：中国已尽力而为。而吴仪副总理表态，人民币大幅升值会对中国经济带来负面冲击。大实话，说得好，应该为文支持。

美国希望人民币升值，说来说去摆得上桌的理由，就是美中贸易持续逆差。不否认美国是有逆差，但减少逆差难道就得要人民币升值吗？李嘉图的比较优势理论闻名天下，美国人不会不懂。劳动力价格低廉是中国的比较优势，美国的比较优势在高科技，只要加多高科技出口，互通有无，中美便是双赢。可惜美国扬短避长，用劳动密集产品与中国拼，棋输一着，贸易怎能不逆差？

其实，想扭转贸易逆差，美国易如反掌。多年来，中国敞开国门，一直以市场换技术，蹊跷的是，美国不肯调整出口结构，却反逼人民币升值，为什么？再有，人民币升值，中国产品在美国涨价，美国消费者就得多花钱，世上哪有这样的买家，拒绝物美价廉，而硬逼商家卖高价。表面看，似乎情理不通，但想深一层，醉翁之意不在酒，背后一定另有隐情。

看看20多年前的日本吧。当年日美贸易，日本也是连年顺差。到1985年，美国做东摆鸿门宴，邀请英、德、日、法四国财长到纽约广场饭店开会，中心议题就是敦促日元升值，尽管日本不乐意，但迫于美国的政治军事压力，有苦难言，只得就范。广场协议前，美元对日元的比价是1∶240，1988年升至1∶120，而到1995年，又升至1∶79，短短10年，日元升了3倍。

日元升值的后果有目共睹。出口受阻不必说；而日本企业为避开升值打击纷纷转向境外，导致产业空心化，政府却始料未及。自此，日本经济开始了10年的衰退。更严重的是，日元大幅升值，还在汇市上给了美国人可乘之机。举个简单的例子。比如美国财团在1985年用1亿美元兑换了240亿日元，等到1988年，日元升值1倍，那么用240亿日元就可换回2亿美元。不计利息，美国仅在汇市一个来回，三年赚一倍，而日本，只能眼巴巴地看着财富被美国掠走。

日本是前车之鉴，我们怎可重蹈覆辙？在前年诺贝尔奖获得者北京论坛上，欧元之父蒙代尔振聋发聩，指出人民币大幅升值是灾难性想法，那是让中国经济自杀。他细数人民币升值之弊，达 12 条之多。蒙代尔是经济学大师，判断不会错。问题是，货币问题错综复杂，政府该如何取舍才能趋利避害？

经济学说，资本自由流动、政府自由发钞权和汇率稳定，三者之中，最多只能取其二，不可同时兼得。假如一国要有自由发钞权，又要保持汇率稳定，那么就得限制资本流动。反之，选择了汇率稳定，同时允许资本流动，政府就不得自由发钞。显然，对中国而言，不可能限制资本流动，因为我们不可能闭关锁国，要稳定汇率，唯一办法是限制政府发钞权。

由此带出的困难是，由于中国外贸持续顺差，外储过万亿，加上国际游资的涌入，外汇供大于求，本币必有升值压力，为了减压，央行不得已，只好被动地发行本币。可这样做，国内流动性会过剩，通胀势难避免。为了控通胀，政府别无选择，必须回头压流动性。麻烦在于，压流动性虽可治通胀，但同时会推高币值，汇率又稳不住。

这正是我们的难题。按下葫芦起来瓢怎么办？最近看文献，国内学者见仁见智，说法不一，而主流的观点是压缩流动性。对此主张我却不敢苟同。愚见以为，在稳定汇率与控制通胀之间，应先稳定汇率。尽管通胀会危害经济，需要警惕，但相比汇率上升，危害要小得多。何况在当前情况下，保持适度通胀不一定是坏事。

当下中美贸易摩擦，说到底是我们的产品在美国市场卖得便宜。如果稳定汇率而保持适度通胀，国内价格上涨，出口价格则水涨船高，这样一来，既可堵住美国的嘴，又可避开人民币升值的冲击。与此同时，出口价格上涨还会促使国内企业从价格竞争转向质量竞争，从而带动技术升级与产业转型。

从国内经济看，中国经济要持续高增长，其中一个前提是扩大消费。中国人口多，消费潜力大，关键是如何去拉动。比如，消费者有个普遍的心理，买涨不买跌。物价看涨，人们就抢购；物价看跌，便持币观望。由此推，政府要拉动消费，适度通胀就不失为一个办法。这几年房地产热销不退，重要原因之一就是房价看涨。

当然，这并不是说可以放任通胀。凡事皆有度，物极必反，通胀过高也会给经济造成致命打击。所以要提醒的是，政府可以利用通胀，但必须调控有度，而且即使是适度的通胀，政府也得有补台的措施，至少有两点，一是提高社保标准；二是加息。前者可保护弱势群体，后者可维护储户的利益。

再说一遍，面对汇率上升与通胀，我选通胀，并非我赞成通胀，而是两害相权取其轻。好比破财与丢命，很多人选破财，并非人们喜欢破财，而是丢命的代价更大。对此，还望读者明察，不要误解了笔者的本意。

贸易保护成事不足

过些日子我要赴美参加一个学术会议，主题是"如何应对全球金融危机"。乔治城大学校长约翰·德吉奥亚先生郑重其事，前几天来京一起商议会议的安排。我说题目好，但太大，大家容易自说自话。于是我建议大题小做，不妨集中讨论如何看待贸易保护问题。双边对此都感兴趣，而且也是争议的热点，学者坐在一起从学术层面研讨，应该是有意思的吧?

我这里所说的"学术层面"，言下之意是希望先把学术外的东西搁置一边，不管个人偏好，不管政治诉求，甚至不管国家背景。除了学理逻辑，其他统统不要管。比如对现今正在抬头的贸易保护的争论，由于牵扯到国家利益，政府间对话往往是公说公理、婆说婆理，吵来吵去也未见有何结果。而学者则不同，大家可遵守共同的学术逻辑，做这样的交流，也许更能求同存异，达成共识。

话虽如此，不过身为学者，我知自己也是凡夫俗子，要不偏不倚地全然超于事外也很难。故为避免先入为主，本文将不针对任何国家，会尽量从理论方面谈。问题是学界理论多，鱼龙混杂，选何理论做依凭好呢？在贸易理论方面我认为有两个人了不起，一是亚当·斯密；另一是大卫·李嘉图。他们的分工与贸易理论精彩绝伦，说后无来者应该不算夸张。

先说亚当·斯密吧。斯密1776年出版了他的《国富论》，书中关于分工能提高效率的观点，学界耳熟能详。制针是他有名的例子。斯密观察到，一枚小针的制作，通常需十八道工序。若让一个人从头到尾做，一天恐怕难做一枚。但是如果分工协作，让每人负责一二道工序，那么每人一天却可完成4800枚。分工何来如此神力呢？斯密的答案，是分工可使劳动专业化，可提高劳动的熟练程度。

顺着这思路，斯密还把分工推展到了国家间。为解释国际分工的好处，他首创了"绝对优势"概念。何谓绝对优势？简单说，就是自己强过别人的优势。举个例，假若甲乙两国同时生产毛呢与葡萄酒，若甲国生产的单位成本分别是100元与120元；而乙国则分别是90元与130元。显然，两国相较，甲国生产葡萄酒有绝对优势，而乙国生产毛呢有绝对优势。若按绝对优势分工，甲国可只生产葡萄酒；乙国只生产毛呢，然后通过交换互通有无，这样双方均可省下10元成本。

生活中按绝对优势分工的例子很多，触目即是。然而由此又带出了另一个问题：假若生产毛呢与葡萄酒，甲国的成本都高过乙国，甲国无任何绝对优势，那么两国间还需分工吗？这问题困扰学界近半个世纪，后来到了李嘉图才算有"解"。而解开此道的钥匙，则是他提出的"比较优势"。与绝对优势不同，比较优势是指自己的相对优势。比如你不仅会烧菜，同时也会缝纫和养猪，但比较而言，烧菜是强项，于是烧菜就是你的比较优势。一句话，比较优势是自己跟自己比的优势，与旁人无关。

是的，只要是自己与自己比，一个人总会有相对的优势。其实一个人如此，一个国家也如是。于是李嘉图说，只要各国在参与分工时能扬长避短，发挥各自比较优势便可双赢。还是以生产毛呢与葡萄酒为例。假如英国生产 10 尺毛呢需要 100 小时，酿造 1 桶葡萄酒需要 120 小时；葡萄牙生产同量的葡萄酒和毛呢，分别只需 80、90 小时。从绝对优势看，英国一无所长，两国似无分工的可能。但若从比较优势看，则仍可分工。比如葡萄牙专门生产葡萄酒，然后用 80 小时生产出来的葡萄酒与英国交换自己要花 90 小时才能制造出来的毛呢，可节省 10 小时。而对英国来说，100 小时制造出来的毛呢，可从葡萄牙换得自己要花 120 小时才能生产出来的葡萄酒，可节省 20 小时。

由此可见，一个国家能凭绝对优势参与国际分工，当然好；但上例表明，即便没有绝对优势，依托比较优势也照样能从分工中受益。不过这里要特别提点的是，无论斯密还是李嘉图，他们讲分工能提高效率，都有个重要前提，那就是贸易自由，贸易不自由，则分工无从展开，绝对优势与比较优势皆无从发挥。比如上面的例子，英国若限制进口葡萄酒；葡萄牙限制进口毛呢，如此两国间就不会有分工，而结果必是两败俱损。

回头再说贸易保护。一个国家实施贸易保护，哪怕你说得天花乱坠，其实质都是保护弱势产业。问题就在这里，明知是弱势产业，可为何还要护短呢？我看到的解释，是政府要保护就业。粗听起来也似乎在理，然细想却未必。想想吧，若政府不护短，而是将优势产业做大，不一样能扩大就业吗？很奇怪，李嘉图的比较优势理论闻名天下，也未见有人反对过。可为何一碰到现实就忘到九霄云外了呢？

说过了，本文讨论贸易保护只从理论方面谈，不针对中国也不针对美国。不过写到这里有句话如鲠在喉，不吐不快。最近多次听温家宝总理向国际社会表态，说中国绝不搞贸易保护。而奥巴马最近推出的经济刺激计划中却保留了"购买美国货"的条款。相比之下，奥巴马显然棋差一着。想问的是，当下美国货行销全球，若别的国家也学美国，不知奥巴马总统何以应对？

也说中国高储蓄

　　全球智库峰会 7 月初在北京举行，在金融危机背景下开会，大家谈得最多的当然是"金融危机"。代表来自不同国家，高手如林：有学界名流，也有企业精英，不过我听来听去，觉得多数人都是老生常谈；而那天周小川先生讲"中国的储蓄"，倒是让我有些思考，不是刻意为周行长捧场，而是他的话题重要。这里不妨借题发挥，也说说自己的看法。

　　个人感觉，近来美国人的逻辑很怪。有目共睹，这回金融危机原本是美国自己疏于监管，导致次债泛滥、杠杆率过高与金融衍生品的过度证券化，可他们不躬身自省，却把责任推给发展中国家。恶人先告状。先是指责中国政府管制汇率，说人民币应该升值；后又埋怨中国人太节俭，储蓄率过高。关于人民币汇率我多次写过文章，不再说；至于中国的储蓄率，我至今想不出这与美国的金融危机有何瓜葛。

据周小川先生提供的数字，目前中国居民的储蓄率为20%。这个比率高吗？这要看与谁比，若是与过度消费的美国比，当然是很高。不过纵向看，自己跟自己比，近15年来国内居民储蓄率的变化并不大；我查看过有关数据，1992年至今，储蓄率基本稳定在20%上下。也就是说，中国的高储蓄并非始于今日，由来已久，可之前美国并未发生金融危机，这样看，说中国高储蓄导致了美国危机并不令人信服。

经济学说，一个国家的居民储蓄率要受制于多个因素：它既取决于该国的文化传统，也取决于经济发展阶段与保障水平。从传统看，中国人崇尚节俭，自古亦然；而从发展阶段看，中国目前还是低收入国家，而且保障也不完善。设身处地想，如果你收入不高，未来又缺乏保障，你敢不存钱吗？人同此心，美国人其实也一样，经历这次金融危机，美国的储蓄率最近不也回升到7%了吗？

美国指责中国储蓄率过高，我想他们大概是说，美中贸易有逆差是由于中国人不潇洒，未大量购买美国货。是这样吗？难道把储蓄率降下来，中国人就一定会买美国货？我看未必。本人也是消费者，假如我要买消费品，就不见得要买美国的。绝非对美国有偏见，因为作为消费者，追求的是价廉物美。货比三家，可就消费品而论，美国似乎不具竞争力。吃的、穿的不必说，就是小汽车，"性价比"也怕比不上日本吧？不知别人怎样，反正我这些年就没买过美国货。

有个误解要澄清。很多人以为，储蓄率过高会挤压进口，这看法无疑是错的。事实上，高储蓄只会减少国内消费，但这绝不意味着总需求会减少，更不会减少进口。举个例，假如你年薪 10 万元，其中 3 万存银行。这是说，你的钱没有尽数花掉，有 3 万变为储蓄。表面看，消费是减少了 3 万，但总需求不会少，因为你进入储蓄的 3 万，银行会放贷给企业，这样投资就增加了 3 万。所不同的是，假若这 3 万用于进口，在你手里是买消费品；而在企业手里则买的是投资品。

这样从美国的角度看，无论中国进口消费品还是投资品，影响的只是出口结构，出口总量不会少。当然话也不能说绝对，我思考过，如果中国的高储蓄会对"总量"有影响，那么只有一种可能，就是美国投资品的竞争力不及消费品，或者中国对美国的投资品无需求。可事实是这样吗？恰好相反，由于美国劳工成本高，与中国比消费品毫无优势，有优势的则是高科技的投资品，且中国也迫切需要进口。这样只要对高科技不设限，美国的出口根本不吃亏。

其实，美国人并非不懂上面的道理，醉翁之意不在酒，真正目的是要逼中国为他们买单。更典型的例子是汇率。这些年美元在不断贬值，可美国总批评中国管制汇率。莫名其妙，中国有 2 万亿的外储，要是政府不扶盘，岂不会输得更惨？外汇损失是一方面，关键是实体经济，由于人民币升值制约出口，去年中小企业倒闭无数，下岗职工近 2000 万。美国 100 万人失业政府就大呼小叫，而中国的失业人数至少是美国的 20 倍，政府怎能坐视不管呢！美国可以放火，难道别人不能点灯？

还是说储蓄。那天周小川讲，中国政府一直试图扩大消费，也希望把储蓄率降下来。是实话，有据可查：1999 年朱镕基总理在《政府工作报告》中就提出，"要实行投资与消费的双向拉动"；而党的十七大也强调，"要坚持扩大国内需求、特别是消费需求的方针。"然而困难在于，消费多少是消费者的个人选择，并非政府所能左右。上文说过，决定消费的除了文化传统，还有收入。消费观念政府可引导，难题是提高收入不能一蹴而就。而人们的收入预期不改善，储蓄率短期内不可能降下来。

我的观点，中国是发展中国家，想问题办事一定要立足国情。别人说什么可以听，但不必全听。比如降低储蓄率，我们要一步步来，不必操之过急，更不可因外部压力而自乱阵脚。当前政府应做的，我认为一是加大减税，企业有盈利才能给职工加薪；二是保障要广覆盖、并适当提高支付标准，无后顾之忧人们才敢消费。

最后说一句，那天周小川行长的发言总体很精彩，也有见地；但美中不足的是，他始终未指明美国的金融危机与中国的高储蓄无关。假若换了是我，一定会把这个观点大声地说出来。

人民币升值中美俱伤

上周赴美参加"应对全球金融危机"的研讨会，开会前一天，经美国乔治城大学安排，我们拜访了美国贸易代表处。此机构离白宫仅数百米，办公楼看上去不起眼，旧而普通。可别小瞧了这地方，据说所有对华贸易政策就在这里酝酿。那天美方出面的是三位助理代表，其中蒂莫西先生（Timothy Stratford）驻华多年，是中国通。尽管我事先对这次见面期望不高，不过近两小时交谈，对彼此的分歧多了些了解。

宾主见面客套话不多，美方先是介绍金融危机对美国的影响，给我最深的印象，是金融危机已令 100 万美国人失去了工作，100 万个家庭失去了房子。对这些美国人的境遇，我当然表示同情。然而蒂莫西先生话锋一转，说此次金融危机与美中贸易持续逆差有关。他埋怨中国人过于节俭，对美出口多、进口少；批评中国政府管制人民币汇率。所以为改善美中贸易收支，他建议应让人民币汇率大幅升值。

中美贸易的口水战并非始于今日，由来已久是老话题，而蒂莫西先生提出的诸多批评，也早在我意料之中。其实，我们也是有备而去。与我同行的陈启清博士与周绍雪博士为第二天的论坛已准备了发言稿，不过他们准备的是长篇大论，近台快攻用不上。没办法，我只好临阵磨枪对蒂莫西先生的观点作出回应。

首先我承认，近些年美中贸易持续逆差是事实。然而如何看待美中逆差？或者说能否把责任归咎于中方？我的看法与蒂莫西先生显然不同。并非有意为中国开脱，而是从学术立场看，单以贸易顺差或逆差论对错，不仅过于武断，也不合常理。经济学说，一国有顺差，代表它出口大于进口，为别国提供了更多的商品，增加了外储；而逆差则说明进口大于出口，消费了人家更多的商品，同时减少了外储。可令人不解的是，美元原本就是国际储备货币，而美国消费了中国的廉价商品，怎会反倒觉得吃亏了呢？

事实上，在经济全球化的今天，无一例外，大家皆处在国际贸易链条的某个环节上，不买则卖，有顺差就会有逆差，只要不是强买强卖，便是利益共享，是多赢。当然，倘若一国贸易持续逆差，那也得调整，不然则会伤及国内就业。估计美方也正是从这个角度批评中国。不过我要指出的是，一国应该追求的贸易平衡，并非双边平衡而是多边平衡。比如中国对美国是顺差，但对日本却是逆差，而日本对中东石油国又是逆差，若仅讨论中美两国贸易，无论顺差逆差其实都毫无意义。

想想日常生活中的例子吧。如果把国内贸易理解为国际贸易，个中道理会更明白些。比如你经常去街头餐厅用餐，那么与餐厅之间，你永远是逆差，餐厅永远是顺差，因为餐厅不直接向你买东西。同理，餐厅需要从粮店买大米，那么餐厅与粮店之间，餐厅是逆差，粮店则是顺差。可是我问你，你会因为自己与餐厅之间的持续逆差而感到不满吗？或者有谁见过，世上有哪家餐厅会因与粮店的逆差而对粮店兴师问罪的呢？

由此看，美方拿"逆差"与中国说事，借口并不高明。而且据我推测，美方也是醉翁之意不在酒。真正目的，还是逼人民币升值，对此，那天蒂莫西先生直言不讳，说得清楚。而我的回应是，人民币升值不仅对中国不利，对美国也不利，是两败俱伤。不错，人民币升值会减少中国对美的出口，但整体看，不可能改善美国的逆差。因为中国对美出口，大多是劳动密集型产品，而这些产业美国并无优势，美国不从中国进口就得从别国进口。终归是要进口，美国的逆差当然不会改善。

退一万步，即便按美方所说，人民币升值能改善美国的逆差，可是代价呢？至少美国人的实际生活水平要下降。过去买一件中国造的衬衣也许只需 70 美金，而人民币升值后可能要花 100 美金，这对美国人来说，摆明是净损失。不知美国普通消费者怎么看，我想天下不会有死活要逼商家提价的买家吧！就好比你去餐厅吃饭，为了减少你对餐厅的逆差，于是不断要求饭菜涨价，一直涨到你吃不起为止。请问你会那么蠢吗？

是的，人民币升值对改善美国逆差不一定有助；但对中国而言，影响则非同小可。很明显的，自 2005 年以来人民币对美元实际升值 20%，致使中国的出口大幅下挫。截至去年底，有近 8 万家中小企业倒闭，2000 多万人下岗失业；而且为数不少的企业开始向南亚外迁。己所不欲，莫施于人。既然美国不希望自己增加失业，又何必损人不利己，一定要逼人民币升值呢？除非另有难言之隐，不然逼人民币升值说是为改善美国的贸易收支，说破天我也不信。

美国要调整美中贸易逆差，对美国来说其实只需一招。举世皆知，美国的高科技冠于地球；而中国有近 2 万亿的外储，当下又有意进口高科技。前几年有人换算过，说一架波音飞机，可抵得上中国 8 亿件衬衣价格。这样，只要美国肯把高科技卖给中国，平衡贸易收支岂不易过借火？可那天蒂莫西先生说，美国也想卖些高科技给中国，但担心知识产权得不到保护。若果如此，那么双方要谈的就应是知识产权保护，而不该总去纠缠人民币汇率是不是？

倾销是个伪命题

美国宣布要对中国轮胎开征"特保关税",消息传来,国内媒体一片哗然。作为回应,商务部立即表示要对美国出口到中国的肉鸡与汽车零部件展开调查。美国出招在先,中国的应对无可厚非。可英国《金融时报》发表社评说,美中双方应该保持冷静,否则一场全球性的"贸保战"将一触即发。

是危言耸听吗?应该不是。然而现实却令人遗憾,奥巴马政府在此事上确实欠冷静。不知发什么疯,美国这次对中国发难并不是应国内轮胎制造商的诉求,而据说是来自钢铁业工会的压力。莫名其妙,中国输美轮胎价廉物美,怎会伤到钢铁业的利益?再说,轮胎业美国本来就不想保护,何况"特保关税"又仅是针对中国,即便限制了中国轮胎进口,其他国家的低价轮胎却照进不误。损人不利己,不是发神经是什么?

胡锦涛主席前些天在纽约面见奥巴马，说中国希望"类似事情不再发生"；而奥巴马则表示愿同中方通过对话和磋商加以解决。如此表态无懈可击，但我却看不出美国下一步究竟怎样处理，会摒弃前嫌吗？不知道，还是静观其变吧。我的观点，不论美国最后怎么做，中国都不必加高美国进口品关税，也不必施以别的报复措施。冤冤相报无尽期，而且从经济角度看，报复也非上策，不可取。

不是怕得罪美国，更不用怀疑我的立场，生于斯长于斯，不可能不爱自己的国家。若认为不赞成报复就是不爱国，未免偏颇，太武断。我体会，爱国就是为国家争取更大的利益。尤其搞经济贸易，若对方有错就鱼死网破，两败俱伤怎会对国家有好处？比如你和邻居做买卖，他买你衣服，你买他粮食，可有一天邻居突然不买你衣服了，你会怎么做？明知邻居粮食比别人便宜，你会为了报复而不买他粮食么？

是的，面子归面子，经济归经济，搞经济最重要的是要追求最大化利益。当然，为了斗气你也许会转从别处高价购粮，可冷静想想，这种死要面子活受罪的事你能坚持多久？中美贸易其实也是这个道理，如果美国刁难我们，我们也就不去买他们的产品，这无疑是拿别人的错误惩罚自己。所以我认为明智的做法，是你刁难你的，我买我的，只要自己有利可图，就大可不必在意美国的态度。

我不主张贸易报复，从理论方面说，是因为我坚信自由贸易能增进人类福利。斯密与李嘉图当年对此有过论证，逻辑井然；而且今天大学教科书也写得清楚，相信懂点经济学的读者对他们的理论不陌生，也无需再解释。这里我想重点讨论的是：第一，高关税究竟要保护什么？第二，高关税损害的到底是谁的利益？这两个问题虽有联系，但不完全是一回事，为行文方便还是让我分别说吧。

先说第一点。某国若要对进口品征高关税，据我观察，能说出口的理由无非有二，一是反倾销；二是要保护本国的产业。表面看，这两条似乎有理，让人无从反对。然而想深一层，其实都似是而非。所谓"倾销"，是说一国产品卖到国外的价格低于国内价格。这怎么可能呢？既然国内可以卖高价，谁会舍近求远低价卖到国外去？我不信哪个商家会那么蠢，也不信世上真有"倾销"这回事。除非有政府补贴，不然"倾销"就是个伪命题，是为推行"贸易保护"杜撰出来的借口。

当然有人会说，进口品价格低势必挤占国内市场，会冲击本国产业。这样说不算错。可我要问的是，高关税到底保护的是什么产业？若自己竞争不过就寻求保护，那岂不是在保护落后？古往今来，还从未见有哪个国家靠保护把产业搞得像样的，外国如是，中国也如是。家电是最好的例子，过去中国对家电进口征高关税，那时国产家电却乏善可陈；后来关税降低，反而很快就雄视天下。另一方面，若进口品价廉就加高关税，大家都心存此念，那么何来国家间贸易？进口品不比国产品便宜，消费者也不买呀。

再往深处想，高关税虽可阻挡进口，但背后其实也有代价。这正是我要说的第二点。很多人以为，高关税能保护本国产业，有百利而无一害，若那样想就大错特错了。事实上，对进口品征高关税，受益的只是少数企业，而损害的则是国内消费者。不是吗？以纺织品为例，若一国提高纺织品关税，进口当然减少，但由此消费者的花费会更多。说到底，这是让消费者（多数人）为生产商（少数人）埋单。你信不信，若让消费者投票公决，赞成高关税的绝对不会多。

奇怪的是，政府作为公众利益代表，理应维护多数人利益，可奥巴马为何要为保护少数人而大打出手呢？想来想去，顾及就业是一个原因，但不是主要原因。企业垮了会增加失业，但不会是长期失业。经济学说，竞争会推动资本流动，若无政府保护，劣势企业必会转产或升级，这样照样能创造出就业。由此看，奥巴马定是另有苦衷，而我所想到的是选票，美国企业工会声势浩大，而消费者一盘散沙，两相权衡，政府自然要屈服于工会的压力。

最后再说中国。新中国建国60年，今非昔比：有13亿人口，不仅消费潜力冠于地球；而且还有两万多亿外储。手里有真金白银，多点进口不伤大局，无所谓。塞翁失马，焉知祸福？美国想折腾就让他折腾吧，中国可依法维权，但用不着去报复。不管怎么说，能让国人享受美国廉价进口品也不错。是时候了，我们不妨也好好潇洒一回！

从"一价定律"看汇率决定

    关于人民币对美元的汇价,中美两国这些年一直有争议。美方认为人民币币值严重被低估,于是指责中国政府干预了汇率;而中方则针锋相对,表示绝不会受外界压力而让步。两国政府的立场世人皆知,不多说;这里要说的是国内学界,有人主张人民币应升值,并上纲上线地批评政府压制升值是贱卖中国。而另一种观点相反,力主稳住汇率,认为人民币若大幅升值中国会有沉重的代价。

    从不隐瞒我自己的看法,也曾在多个场合直陈己见。我的观点,目前人民币币值宜守不宜升,至少不应大幅度升。我不同意说稳定人民币汇率就是贱卖中国,汇率问题复杂,并非贱卖贵卖那样简单。如果说中国贱卖商品不妥,那么美国让人民币升值是何道理?将心比心,作为消费者,谁都希望买到的商品物美价廉，可人民币升值，中国商品在美国市场必涨价，美国政府明知如此，可为何还要逼人民币升值而让消费者多付钱呢？美国人不傻，背后原因我不说读者也知道。

年初奥巴马总统说，美国要做世界上第一出口大国。美国要不要做第一是他们的事，旁人不用管，也管不着。但有一点要指出，美国想通过逼人民币升值来压制中国的出口当然对中国不利，但这对美国未必就有好处。原因简单，东南亚国家的劳工成本比中国还低，相比起来，美国的劳工成本却明显要高出很多，这样，美国即便限制了中国产品的进口，但东南亚其他国家的产品照样会销往美国。看来美国此举的确是损人不利己，不明智。

问题在于，中美汇率之争远未结束，今后还会争下去。为避免各执一词，我们不妨先回到理论层面，看看汇率到底该怎样定。其实在一战以前，汇率确定并不像现在这么麻烦，当时，各国货币都规定黄金含量，持有货币可以自由兑换黄金。两国货币的汇率，就是货币的含金量之比，叫作铸币平价。比如，1 英镑含黄金 113.0 格令，1 美元含黄金 23.3 格令，两国货币的铸币平价就是 4.9，因而英镑兑美元的汇率就是 1 : 4.9。当然受市场行情的影响，汇率也会有所波动，但由于有黄金作保证，汇率波动的幅度很小，故那时候的汇率称为固定汇率。

到了一战期间，各国为应付军费开支，大量发行纸币，纸币含金量没法保证，也就不能兑换黄金，铸币平价随之土崩瓦解。待战争硝烟散尽，贸易重开，如何确定汇率呢？ 1922年，瑞典学者卡塞尔出版了《1914年以后的货币和外汇》一书，提出购买力平价说，认为应根据各国货币的购买力来确定它们之间的汇率。此说一出，备受推崇，各国政府按图索骥，重打锣鼓另开戏，纷纷重定汇率。

我们知道，经济理论大都有假设前提，而购买力平价说的前提是，两国之间贸易自由，商品、劳务交流，不受关税、配额限制，即便有限制，双方外贸政策对等，没有相互歧视。同时，假设两国商品的运输成本也大致相同。依据以上前提，卡塞尔的推论是，同样货物无论在哪里销售，其价格必然相等。也可以这么理解，若世界上只有一种货币，那么在任何地方购买同质的商品，花费都应该一样。此推论被称为"一价定律"。

当然，各国货币不可能相同，不过由"一价定律"可推出的含义是，两种货币汇率，等于它们的购买力之比。比如一个同样的汉堡包，在美国卖1美元，而在日本卖150日元，那么就可认为，1美元相当于150日元的购买力，美元兑日元的汇率是1∶150。如果一国的货币购买力下降，商品的国内价格上升，该货币就会对外等比例贬值；反之，购买力上升，货币则会相应升值。还是上面的例子，如果由于某种原因，汉堡包在日本售价上升为200日元，在美国仍卖1美元，那么日元贬值，美元兑日元的汇率降为1∶200；反之，如果美国的汉堡包售价上涨到1.5美元，在日本仍为150日元，就说明日元升值，美元兑日元的汇率变为1∶100。

以上推论，讲的是某一时点两国价格水平与汇率的关系，称为绝对购买力平价。与此对应，卡塞尔还提出了相对购买力平价。他认为，在一段较长时间里，两种货币汇率变化的百分比，刚好等于两国国内价格水平变化的百分比之差。比如英国物价一年上涨10%，而美国物价只上涨5%，那么，根据相对购买力平价，英镑对美元会贬值5%。汇率变动刚好抵消英国通胀超过美国的5个百分点。这是说，汇率的涨跌，不能由哪国政府凭空决断，而应充分考虑物价水平的变化，而且与同期两国物价水平的相对变动成反比。

明白了以上道理，让我们再来说中美汇率。首先，我选1998年的汇率做基期，为什么？因为当时亚洲发生了金融危机，周边国家货币纷纷贬值，唯有人民币一枝独秀，没贬值。不是不可以贬，而是中国作为一个大国，希望在亚太地区经济稳定中有所担当。所以当年朱镕基总理承诺，人民币三年不贬值，三年以后也不贬值。中国政府说到做到，没有食言，国际社会一片叫好。也正基于此，故本文有理由把1998年的汇率作为基期汇率。

设若如此，那么1998年人民币兑美元的汇价是多少呢？官方的数据是1∶8.27。再看另一组数据，即中美两国的消费物价：2004年至2009年，中国的CPI分别是3.9%、1.8%、1.5%、4.8%、5.9%、-0.7%；而同期美国CPI则分别为2.7%、3.4%、

3.2%、2.8%、3.8%、-0.4%。虽两国 CPI 统计口径有别，不完全可比，但整体趋势，中国消费物价指数要高过美国，这是说，从"一价定律"看，人民币不应升值，可近几年美元兑人民币却在不断单边贬值，2006 年是 17.9，而最近已贬到16.94。奇怪的是，美国目前还得寸进尺，要求人民币继续升值。何以如此？除了翻来覆去强调贸易逆差，我看美国也说不出什么别的理由来。

假如发生美债危机

两周前赴美参加第三届"中欧美论坛"，三方学者云集在科罗拉多州的阿斯平镇，共商"全球事务变革中的国家责任"。按专业我被分在经济组，该组议题有三：一是欧债危机；二是中国经济前景；三是美债问题。会期虽不长，就两天，不过开得别开生面，会上常是唇枪舌剑，争论迭起。

争论归争论，现在冷静下来想，争论其实并不是研讨的目的，只是过程与方式。大家之所以争论，无非是希望相互切磋找到共识。那天会议安排我做经济组的召集人，由于要主持讨论，自己不好多说，不过利用总结的机会还是谈了一些看法，不料当场就有人不赞成，本来就有备而去，当然不怕辩论，可惜没时间答辩。这里我把自己的观点写出来，作公开讨论。

首先谈欧债危机。说实话，给我的感觉这次会上欧洲学者似乎有些底气不足，尽管一再表示欧洲有能力处理债务问题，但怎样处理却始终没说出令人信服的方案；加上事先答应参会的几个重量级人物没到场，欧洲方面显得有点势单力薄。比如当有美国学者批评欧洲投资环境时，只有意大利外交部国务秘书玛尔塔·达苏（Mart dassù）作了简单回应，她表示不接受美国学者的指责，但我却没听懂她讲的意大利投资环境好在哪里。

是的，欧债问题的确很棘手，但我却认为并非无药可医。这里的关键，是要找到对症的办法。是什么呢？人们容易想到的是削减开支。能减开支当然好，可问题是减行政开支易，减社会福利难，特别在西方国家则难上加难；但若仅减行政开支而不减福利，杯水车薪怕是于事无补。发欧洲共同债券呢？南部欧洲国家会赞成，北部国家却未必答应。德国总理默克尔就曾说，只要她活着就绝不会让欧洲共同债券出现。

左右为难如何是好？我的建议是"债转股"。在会上我提醒欧洲学者研究一下中国的经验。上世纪 90 年代，中国国企也是债务累累，要知道，中国国企的老板是政府，国企债务其实也就是政府债务。那么中国是怎样处理的呢？说出来很简单：1999 年中国国务院成立了四家金融资产管理公司，并由这四家公司把国企债务从银行那里买过来变成自己对国企的股权，然后再对股权进行重组。于今十多年过去，这四大公司不仅盘活了大量的不良资产，而且皆有不菲的盈利。债转股在中国能成功，欧洲为何不能？大难当前，欧洲应该拜朱镕基先生为师！

再谈中国经济的前景，《英国金融时报》副主编菲利浦·史蒂芬斯（Philip Stephens）在会上向中国学者发问：中国经济会否继续高增长？这问题其实也是许多欧美学者的疑问，说白了，他们是在问中国经济会否硬着陆？我的回应是：第一，年初中国政府提出"稳增长"与前几年"保增长"不同，是希望将过高的速度降下来，以便调结构；第二，今年二季度增速虽下滑至7.6%，但仍在年初设定的增长目标7.5%以上，不是硬着陆；第三，若说中国此前三十年高增长是靠工业化带动，那么此后三十年则靠城镇化带动，主要靠扩大内需。

于是会上有人追问，中国将如何扩大内需？对此我又作了两点解释：第一，中国积极的财政政策不会变，但重点会有调整，即从原来主要通过发国债刺激政府投资，转向结构性减税刺激民间投资；第二，央行会继续推行稳健货币政策，且将CPI控制在4%以内。之所以要保持CPI 4%，是因为消费者买涨不买跌，这样可刺激消费。与此同时，政府还将逐步提高城乡居民收入，目标是让居民收入与GDP同步增长。

最后再谈美债问题。有数据说，现在美元有一半是在美国境外流通，而国际储备货币中美元占到60%。这含义是什么？简单讲，就是美国欠了很多国家的债。以中国为例，中国现有3万亿多美元外储，其中2.2万亿购买的是美国国债或各类债券。问题就在这里，美国欠债后不去设法保全债权人的利益，却不断用通胀的办法稀释债务，仅去年一年中国持有的美国债券就缩水 220 亿美元。于是我向美方学者发问，为保证债权人利益美国是否应该约束美元发行？

你猜人家怎么答？哈佛大学理查德·古博（Richard Cooper）教授说，美元今天成为国际中心货币，是世界各国自由选择的结果，而中国是否用美元作外储，或是要不要购买美国国债，都是你们中国自己的决定，没人逼你买美国国债，所以美元贬值中国债权缩水是你们中国的事，与美国无关，也用不着在会上讨论。你听，古博教授是不是很霸道？他俨然是说，你中国愿意买美国国债，现在亏了钱怪不得美国，是中国活该！

这恐怕代表了不少美国人的心态。是的，美国作为全球经济的老大，美元的地位确实还一时无可替代，何况眼下欧元前途未卜，英镑不济，中国外储还得用美元。可我要问的是，即便如此难道美国就可恣意妄为不对债权人负责吗？奥巴马是不是美国选民选出来的？若奥巴马不对选民负责会是啥结果？可以肯定，若美国不对债权人负责，将来美元一旦信誉扫地谁还肯持美元？若真到了那一天，美债危机爆发，美国怕是要追悔莫及吧！

政府为何鼓励出口

中国经济三十年高增长，论贡献出口居功至伟；然而面对今天巨额的外储，不少人对政府以往鼓励出口的政策提出了质疑。其实这质疑并非始于今日，早在 1997 年外储不足 1400 亿美元时就有过争论。而今天外储 3.3 万亿美元，相当国内一年百分之四十的 GDP，学界对出口有非议也就可想而知了。

政府为何鼓励出口？骤然听是浅问题，然而似浅实深。从浅的方面答，拉动经济有三驾马车，而出口是其一。这是说，扩大出口可带动经济增长保就业。列宁曾说发达国家输出商品是为了转嫁国内过剩，这分析是对的。国内需求不足当然要从国外找市场，不然产品积压失业会增多。中国亦如是，生产过剩也得出口。可见，保就业是扩大出口的重要原因。

这是浅的方面；从深的方面看呢？经济学说，出口的初始动机并非转移过剩，而是分享国际分工的利益。的确是这样。试想一下，新中国成立之初政府为何要鼓励出口？是因为经济过剩么？显然不是。恰恰相反那时物质非常匮乏，出口的目的不过是为了创汇增加进口。说白了，政府是希望通过对外贸易享受国际分工的好处。这么说行外的朋友未必能明白，让我做点解释吧。

先从国内贸易说起：

众所周知，亚当·斯密当年写《国富论》是从分工下笔，指出分工可提高效率。而且他有个重要观点：认为（产业）分工是由绝对成本（优势）决定。举例说。比如我和你，我种粮的成本比你低，织布的成本却比你高；而你呢，种粮的成本比我高，织布的成本却比我低。这样比较起来，我的绝对优势是种粮，你的绝对优势是织布。斯密说，只要按各自绝对优势分工，我种粮你织布，然后彼此用粮与布交换，双方皆可节省成本。

后来李嘉图对斯密作了拓展，指出决定分工的不只是绝对成本，还有比较成本。不过那只是成本比较的参照不同，这里不细说。要提点的是，无论斯密还是李嘉图，他们讲分工都有个前提，那就是交换。若无交换，即便存在绝对优势（或比较优势）也不可能有分工。还是举前面的例子，我专种粮而你专织布，但若我不能用粮食换你的布或者你不能用布换我的粮食，不能互通有无，我和你怎可能分工呢？

请注意，这例子暗含着一个重要推论：即商家生产商品是为了卖（满足别人的需求），而卖的目的则是为了买（满足自己的需求）。简言之，是"为买而卖"。所以这么说，是因为对商家来讲不卖就无法买，不买也就无需卖。事实确亦如此，在早期物物交换中我们可以看得更清楚，只是由于货币的出现，商家这种"为买而卖"的动机才渐渐被漠视了。

或许有人问，现实中很多商家卖了之后并没买，怎可说是"为买而卖"呢？不错，生活中是有这种现象，有人卖后并不马上买，而是将换来的货币存进了银行。不过，这现象也并未改变商家"为买而卖"的动机。商家选择储蓄是为了获利息，不是最终目的；最终目的还是为了更多地买。也就是说，储蓄只是购买的延迟而非购买的放弃。

回头再说出口。往深处想，国际贸易其实与国内贸易无异，出口也是为了进口。这推断我认为不会错，要不然你告诉我，一个国家若不想进口那出口的目的是什么？经济学讲参与国际贸易可享受国际分工的利益，是说你出口自己生产率高的产品而进口对方生产率高的产品可以双赢。若你只出口不进口，别人享受了你价廉物美的商品，而你却不去分享他国高生产率的利益，若这样你岂不是赔本赚吆喝？

这正是当下中国的难题。不管怎么说，外储过多一定是外贸"出多进少"的结果。不过，此局面的形成并非我们不进口，政府曾多次表态要进口，可我们想进口人家不肯卖。问题就在这里，既然人家不卖，那我们还有何必要用政策优惠鼓励出口呢？经验说，一国外储能应付半年进口足够，而 3.3 万亿美元明显多了，出口政策不变将来会更多。

由此看，我们的政策的确应该调，而且刻不容缓。可眼下不少人担心，认为这样做会增加国内失业。不敢说没这种可能，但也未必一定如此。事实上，目前我们的出口商品并不全是"过剩产品"，国内也有潜在需求，只是老百姓没钱买而已。若能少出口而增加国内供应，物价必降；再设若能大幅提高城乡居民收入，近 14 亿人口何患没内需！

我说过，中国经济跃升全球第二后，未来出口会阻力重重。未雨绸缪，我们不妨重点扩内需。扩内需当然不是不出口，出口还得出，但不必再刻意创外汇。要知道，外储不过是人家买我们商品后给打的借条，不用于进口就是一堆"纸"。明知想买的商品人家不卖，我们要那么多"纸"有何用？

产权为重

"鸡肉烂饭"的故事

到云南沧源佤乡做客，主人招待你，会有一道特殊的菜肴叫"鸡肉烂饭"。说它是道菜，但看上去却像饭。所不同的，是饭里掺入了些许的鸡肉。笔者不是美食家，也无意对此作过多评点，我要说的，是鸡肉烂饭背后的经济学含义。

在地图上看沧源，她不过是西南边陲的一个小县。但40年前，有首《阿佤人民唱新歌》却家喻户晓，唱遍神州。阿佤人民，就是居住在这里的佤族同胞。说到沧源，有两点值得交待：第一，沧源与缅甸接壤，站在县宾馆推窗南眺，金三角近在咫尺；第二，佤族同胞是直接从原始社会，一步踏进社会主义。

沧源山川秀美，物产丰富。可难以想到的是，于今这里还是国家级贫困县，农民人均年收入，区区千多元。县委余炳武书记是我旧识，曾在中央党校学习，听过我授课，有师生情分。不久前我赴沧源调研，碰巧是由他出面接待。他乡遇故知，我们之间的交谈自然就少了场面上的客套，多了理性的成分。就农民如何致富，我们开门见山，进行了一次直问直答的对话。

我问：农民不能致富的梗阻在哪？他答：当地农民观念滞后。我问：何为观念滞后？他答：农民靠天吃饭，温饱即安，不求富裕。我问：人都会追求富裕生活，为何这里老百姓不想致富？他答：习惯了吃大锅饭，平均主义根深蒂固。我问：为何平均主义积重难返？他答：佤族群众从原始社会直过而来，没有私产，缺乏市场意识。

我问得简单，他答得明白。要不是亲眼目睹，你很难相信佤族人没有私产的说法。不过在沧源考察，身临其境，我们发现佤族人不仅生活极其俭朴，而且几乎就没有私产。在内地，住房算是一项重要私产吧？可佤族人盖住房，却只为遮风躲雨，从不大兴土木。其简陋的程度局外人实难想象。由于房子不值钱，连他们自己也不把住房当财产看。至今他们盖房都是当天完工，若当天不能盖完，就弃之不用，第二天再择地重建。

是的，人们没有私产，自然不会有市场意识。马克思当年讲得清楚，交换产生于两个前提：一是分工；二是私产。道理浅显不过。在无私产的地方，是不可能有物品可以用于交换的；相反，此种情形下的劳动成果分配，唯有吃大锅饭，否则别无他法。陪我们下乡的临沧市委宣传部杨部长，给我们讲过当地一个有趣的习俗。在佤族寨子里，要是有谁家杀了猪，那么全寨老少都会不请自到，而且一顿吃光、不留剩余。

前面提到的鸡肉烂饭，便是佤族人吃大锅饭的一个极端例子。其实，佤族人不仅宰猪要一同分食，就连杀只鸡，大家也得一起分享。起初，我不知一只鸡怎可让众人同食，于是向一位乡干部打听。他说，佤族人的办法，是煮上一大锅稀饭，然后把鸡肉熬在稀饭里。如此一来，就可见者有份、绝对公平。朋友，也许你并不赞成这种平均主义的做法，但试想一下，在生产力落后、产品没有剩余的情况下，你能想出比"鸡肉烂饭"更好的制度安排吗？

大锅饭，虽说是一种无奈，但客观地看，这也是历史的选择。千百年来，佤族人世代繁衍，生生不息，恐怕就得益于这种分配方式。但应看到的是，中国经济体制已经转轨，这种大锅饭的习俗，不患寡只患不均，与市场经济明显地格格不入了。开放社会，佤族同胞不可能关门过日子，山外的世界很精彩，尤其是进入新世纪后，举国上下奔小康，若大锅饭不破，阿佤人不能发家致富，他们与山外的差距会越拉越大。

问题在于，大锅饭经年累月千古不易。要打破这种路径依赖，必须有政府介入才行，否则，就难以成事。我考虑，眼下政府的当务之急，是要加大财政投入，改善佤乡的农用基础设施。过去，由于基础设施太差，当地群众只能靠天吃饭，天不下雨歉收，下雨多了也歉收。既是如此，人们只好听天由命，不思进取。若政府下力改善基础设施，让农民能抵灾御害，旱涝保收，那么，人们丰衣足食，产品才会有剩余。

产品有剩余是一方面，跟下来，还得培育产权意识。经济学讲，人们追求利益最大化有一个前提，就是私产能得到保护。假如私产别人可以随意取用，世上就不会有人肯积攒私产。可现在的困难是，佤族人并无私产意识。对此，政府应再出手相助，做些引导。在沧源，我参观过一个佤寨，当地政府买砖买瓦，替农户将住房翻修一新。意想不到的是，当房子值钱后，人们的观念陡然有了改变。如今在佤寨品尝鸡肉烂饭，再也没有免费午餐了。

以上两点重要，但政府要做的却不止于此。大致说，科技下乡、贷款融资、子女上学、看病养老，这些都事关民生福祉，政府也应该尽早谋划。所幸的是，两年前临沧市就启动了"小康村、生态村、文明村"建设工程，为佤乡群众脱贫致富，市委已有周密的部署。50多年前，佤乡人民曾从原始社会直过到社会主义，那么今天，佤乡要再来一次跨越，从贫困村直过新农村。

沧源直过，世人将拭目以待！

产权安排与资源争用规则

　　我知道的经济学家大多是不主张管制价格的，因为价格是市场配置资源的信号，能自动调节供求。比如某商品价格上涨，表明该商品短缺，这就等于在告诉消费者要节约该商品的耗用；同时，它也告诉厂商，提供该商品有利可图，应多多生产。亚当·斯密"看不见的手"，说的就是这种价格机制。

　　中国改革开放 30 年，耳濡目染，人们对价格机制已不陌生。可奇怪的是，很多人至今却对商品价格谈"涨"色变，要求政府限制价格的声音不绝于耳。能源价格如是，房产价格如是，最近肉禽价格也如是。实话说，我历来主张放开价格，也写过多篇文章，这里再换个角度，即从产权安排与资源争用方面谈价格。

　　众所周知，经济学大厦的建立有三个基础性假设：经济人假设、资源稀缺假设与私有产权假设。离开了这三个假设经济学将溃不成军。没有经济人假设，推导行为无所依傍；没有稀缺性假设，研究资源配置多此一举；没有私有产权假设，市场交换无从进行。而且只要人们追求最大化，资源就会稀缺，要有效利用资源就须界定与保护私人产权。

要讨论的是，资源争用与价格到底是何关系？稀缺的资源想得到的人多，于是就会发生争用。既然是竞争，那么就得有规则，不然胜负难决，分不出高下，资源使用就会陷入混乱。好比骑自行车比赛，既可以比快（力量），也可以比慢（车技），比快是一种规则，比慢也是一种规则，但不论哪一种都须事先明确。解决资源争用也如此，究竟谁得谁不得，关键取决于规则。

可以肯定，价格是分配资源的一种规则。举个例，只有一张飞往广州的机票，有两位先生都想得到。一位要去广州看女友；一位要回广州看父母，两位相持不下，都说重要怎么办？经济学的办法是竞买，让他们出价，价高者得。因为价格本身代表的是效用，谁出价高，就证明对谁的效用大，故机票究竟对谁更重要，只要一竞价自见分晓。

但这绝不是说，资源分配只有价格一种规则。其实在现实生活中，配置资源的规则五花八门：春运期间火车票紧俏，排队（先来后到）是一种规则；上大学，考分是一种规则；过去计划经济时期分房，行政级别也是一种规则。而且单就规则论，我们分不出优劣。存在即合理，这些规则所以存在，必有它的理由。应追问的是，到底是何因素在左右这些规则呢？

经济学家分析行为各怀绝技，但说到底不过就一招：约束条件下的利益最大化。比如，若把"规则"看作一种行为，那么在不同的约束下，就会有不同的规则。经济学的任务，就是要回答约束这些"规则"的条件是什么？对此，美国经济学家科斯认为，约束分配规则的是产权安排。而且还说，产权安排也是一种行为，如何选择最终又受交易成本约束。

让我先说产权安排。举住房的例子，当年计划经济时期，城市住房大多为公有，所以那时候分房，繁琐不堪。我熟悉的一家单位，10多年前盖了三栋住宅，两年建成，可三年分不落定。诸如面积大小，楼层高低，甚至连房间朝向，大家都争论不休，有路子的四处托人，没路子的怨声载道。好事办不好，交易成本极高。后来该单位决定，把分房改为补贴，实行住宅私有。

产权安排改变后，分配规则也跟着变。过去单位分房，主要以职级与工龄为依据。因为住房公有，是福利分房，故只能论资排辈。住宅私有后，规则即转为按货币（出价）分配。楼宇档次，房间大小，地理位置等都可用货币去选择。花钱越多，购买住房的档次越高，面积越大，位置越好。如此一来，以往福利分房的种种弊端不消而退，人际关系也因此变得简单明朗。

从上面的例子，可得三点推论：第一，产权安排决定于交易成本，公有、私有不可预设；第二，在私有产权下，按出价高低分配资源最有效，政府不应管制价格；第三，在公有产权下，价格并非配置资源的唯一规则，在某些情况下，政府可以干预价格。

前两点不再说，重点谈第三点。我曾强调多次，对一般竞争性的私人物品价格，政府不必插手，应放手由市场供求定；但对公共服务品的价格，政府却不能坐视不管。公共服务品通常由政府投资，与公众利益攸关，很敏感，所以管制公共服务品价格政府责无旁贷。这几年，人们对公立医院、学校收费意见大，原因是这些单位由国家投资，却为谋取小团体利益漫天涨价，怎能不挨骂？

另有一种情形是国家垄断企业。很多人认为，由于垄断企业没有竞争，价格易被人为操纵，所以政府不能不管。比如春运期间的火车票价格，老百姓都希望政府管，是因为当下铁路独家经营，只此一家，别无分店，消费者没有讨价的余地。这样说，不是全无道理，但我的看法，管制价格不如打破垄断。假如有一天，铁路运输允许民企参与竞争，价格便可放开。

是的，价格是市场信号，若想让市场配置资源，政府就应该少管价格。否则信号失真，资源配置则会乱了章法。事实上，只有由市场供求定价格，价格才能反映供求、调节供求。

交易费用与产权安排

产权问题历来敏感，争议也大。当年为避免争论，邓小平曾说不要问姓"资"姓"社"。老人家一言九鼎，力排众议，为改革赢得了时间。令人困惑的是，时至今日学界却对产权改革讳莫如深。我无意挑起争端，尽量避开所有权，重点谈交易费用与产权安排问题。

话虽如此，但要真正讨论到产权，所有权却很难回避得了。不是说产权与所有权不能分开，而是在很多人看来，两者就是一回事。前些年有人对国企产权改革多有微词，说国企产权归国家，清清楚楚，难道搞私有化才算产权清晰？望文生义的批评，我当然不赞成。不过，要把问题说清楚，还得对所有权与产权概念作交待。

在现代经济学里，所有权与产权，不仅能分离，而且并行不悖。留心观察，现实生活中一项物产所有权属张三、产权归李四的现象不少见。比如银行的信贷资金通常来自储户存款，这些资金的所有权是储户的，可为何银行不征得储户同意就可按自己的意愿放贷呢？原因是银行通过支付利息，从储户那里购得了资金的产权。由此看，产权不同于所有权，可以各有所属。

是的，所有权强调的只是归属，是法权；而产权则是指除了归属权之外的其他三项权利：即财产的使用权、收益权与转让权。所谓产权清晰，只是将此三项权利界定明白，与所有权无关；而且所有权清晰，产权却未必清晰。

举个例，张三、李四相邻而居，北院是张三的私产，南院是李四的私产。有一天，张三在自家院子里焚烧垃圾，北风将烟尘刮进李四的院子，起初李四好言劝阻，可张三置若罔闻，结果两人大打出手。何以如此？是产权不清晰。当初张三建房时，法律并没规定在院子里不能烧垃圾，而李四建房时，法律也没承诺他有不受污染的权利。

从上例可见，尽管南北两个院子分属张三和李四，皆为私产，所有权很清晰，但产权界定并不清晰。于是这就带出一个问题，产权不清晰，会引起相关当事人的摩擦，要避免摩擦，就必须明确界定产权，那么，产权应该如何界定呢？

美国经济学家科斯说："若交易费用为零，产权界定清晰，无论产权界定给谁皆不影响经济效率。"所谓交易费用，顾名思义，是指利益各方为达成某项交易而产生的协调费用。如用于谈判、通信方面的花费；请客送礼的开销；调解纠纷的行政费用或法律诉讼费用等。总之，除生产费用之外的一切费用，都统称为交易费用。

假如科斯的前提成立，结论肯定对。说我亲眼所见的例子。多年前，我曾赴湖北某企业调研，见厂门口有十数人静坐，问原因，工厂主事人告诉我，静坐的都是周边居民，他们生病认为是工厂冒烟所致，故要求厂方报销医药费。按科斯的理论，解决此纠纷不难。如果政府能明确居民有不受污染的权利，那么工厂就得安除尘器；相反，如果明确工厂有冒烟的权利，那么居民就得集资替工厂安除尘器。

问题是，交易费用为零是个理论假设，除了鲁宾逊一人世界，真实生活里几乎不存在。还是上面的例子，假如政府把产权界定给工厂，居民花钱给工厂安除尘器，可工厂的头头说，安除尘器可以，但得给工厂一些好处费，不然不让安。于是就产生了交易费用，若交易费用过高，后果有两个：一是维持现状，居民继续受污染；二是居民不堪忍受，到工厂寻衅滋事。

很明显，一旦有了交易费用，产权界定必受交易费用的约束。或者说，产权如何界定，必须顾及交易费用的高低。想想吧，当下政府为何要求企业节能减排？从产权角度看，这实际上就是限制企业排污权，而把不受污染的权利界定给居民。政府这样做，一方面是保护环境，另一方面也是考虑交易费用。

因为把产权界定给居民，交易费用比把产权界定给工厂要低得多。

类似的例子：交通法规定，机动车在人行道撞伤行人要负全责；在机动车道伤人也要赔偿。为什么？因为把产权（安全保障权）界定给行人，不仅交易费用低，而且可减少交通事故。还有，国家规定不许强行拆迁民宅，原因也是保护民宅的交易费用低。如果民宅不受保护，允许强行拆迁，那么引发的社会矛盾会层出不穷，政府管理的交易费用将不堪设想。

相反的例子，是农民的耕地产权。国家说，农村土地承包经营权长期不变。可现行承包经营权，只含使用权与部分收益权，转让权并未界定给农民，所以近年来强征农民土地的事时有发生。农民不服，于是就上访，有的地方甚至还闹出了人命。假如国家能明确规定，土地产权（包括转让权）归农户，卖与不卖或按什么价格卖，一切均由农民自己做主，政府处理土地纠纷的交易费用就会大大降低。

最后让我归纳本文要点：第一，产权有别于所有权，明晰产权不等于要改变所有权。第二，公有制产权不清晰，私有制产权也同样不清晰，因此产权改革未必要搞私有化。第三，产权包含使用权、收益权、转让权，明晰产权就是要将此三权明确到个人。第四，产权作何种安排，最终应以节约交易费用为依归。

发展文化产业重在维权

中华文化源远流长，魅力无穷，但把文化当作产业发展却起步晚，满打满算，也不过 10 多年。最近政府说，要大力发展文化产业。高瞻远瞩，意义深远。有政府的重视与推动，我相信将来中国文化产业前景一定可观。短期内，若说追上先进之邦有困难，那么长期看不应是天方夜谭。国人当自强。时不我待，关键就看政府如何出招。

我看到的数据，是早两年的，美国文化产业总产值达8300 亿美元，英国为 610 亿英镑；分别占他们当年 GDP 的6.65％与 8％。韩国是新型工业国家，人口不到 5000 万，而文化产业的产值达 710 亿美元，占 GDP 的 8％。相比之下，中国的人口超出韩国 20 倍，而文化产业产值仅为 430 多亿美元，GDP 占比不到 2％。这样看，中国文化产业无疑是落伍了。

中国是文明古国，又是人口大国，我们文化产业的现状，与大国地位是不相称的。其实，人乃高级动物，不仅有物质需求，也有文化（精神）需求。百多年前，德国统计学家恩格尔就发现，随着家庭收入的增加，食品支出占总收入的比重会下降。而马斯洛说，人的需求可分五个层次：生理需求、安全需求、交往需求、尊重需求以及自我实现需求。显然，除了生理与安全需求，其他皆与文化有关。

并不是复杂的道理。设身处地想，在日常生活中，你为何要读书看报？工作之余，为何要听音乐、看电视或者去找朋友聊天？所以如此，是因为文化需求与物质需求一样，也是人类与生俱来。有人曾在北京西客站做过调查，问行人若吃饱穿暖后再有 10 元钱，是去喝啤酒还是看电影？答案有趣，选择一半一半。千万别小看这个数字，它至少告诉我们，当人的生存需求满足以后，物质需求与文化需求是对等的。

这就带出了一个问题。经济学说，需求引导供给。既然市场对物质产品与文化产品有等量的需求，可为何文化产业会落后于工业呢？文化部副部长孟晓驷博士有过解释，她认为症结在文化产品的维权成本要高于工业品，由于维权成本高，所以多数企业宁肯投资工业而不投资文化产业。若此说成立，那么进一步的推理是，发展文化产业关键在降低维权成本。

我赞成孟博士的观点，让我们先看两个现象：第一个现象，世界上所有国家，文化产业起步通常都晚于工业，为什么？从维权的角度看，是由于工业产权保护立法要比文化产权保护立法早。就我所知，人类第一部工业专利法，1474 年诞生在威尼斯；而关于文化产权的法律，最早则是 1709 年英国颁布的《安娜法令》。相比之下，文化产权保护立法落后了不止 200 年。

第二个现象，中国的文化产业为何落后于西方国家？我的答案，是中国的文化产权立法晚于西方。1910 年，清政府才颁布《大清著作权律》，比英国整整迟了 200 年。比西方国家共同缔结的《保护文学艺术作品泊尔尼公约》也晚了数十年。而新中国的第一部《著作权法》，1990 年通过，次年才实施，这样算，比《泊尔尼公约》又晚了百多年。

当然，立法早晚是一方面；另一方面，而且更重要的，是文化产权维护会有更高的成本。以英国为例，《安娜法令》1709 年问世，而之后相当长的时间，文化产业仍悄无声息，只是到了上世纪 70 年代才异军突起。何以如此？想来想去，我认为孟晓驷博士的观点对，是文化产品的特点导致文化产权的维护成本高于工业。可从三方面看：

首先，工业品的消费具有排他性，而文化产品的消费却不排他。比如一只水杯，我买下来就只能归我享用（支配）；文化产品不同，比如音乐光碟，消费者买得的只是文化载体，不是文化产品，产品是碟里的音乐。一只曲子可无限制复制，你可以听，我也可以听，我听不妨碍你听，所以消费没有排他性。

其次，由上点决定，由于文化产品消费不排他，而消费者购买的只是文化载体，而非文化产品本身，那么复制载体的成本，必会大大低于文化产品的成本。比如一部 30 万字小说，作家也许花 10 年写成，而印制一本书的成本不足 10 元，也正是由于文化载体的制作成本低，所以才有盗版书大行其道，屡禁不止。

再次，由以上两点决定，维护文化产品的成本会高于工业。仿制一只普通水杯，成本与原生产成本相若；且一只水杯被盗，侵权者也仅一人；而仿冒文化产品，因为成本低，以小博大，侵权者往往是千家万户。早 20 年，邓丽君的歌曲盒带，私自翻录者应不计其数吧？由此看，打击文化侵权的成本怎会不高于工业呢？

是的，维权成本高，是妨碍文化产业发展的要害所在。近 40 年，西方文化产业龙精虎猛，欣欣向荣，既得益于政府对文化产权的严格保护，也得益于现代科技为保护文化产权提供了手段。在美国，未经版权人许可从网上下载一首歌曲，最高可罚 2 万美金，而俄罗斯与欧洲不少国家，盗版被列入刑事犯罪，侵权将有牢狱之灾。从科技维权看，目前美国已研制一种蓝光 DVD 技术，令 DVD 光牒无法复制，这样也就大大省去了厂商维权的成本。

他山之石，当可攻玉。中国文化产业刚起步，政府若有意推动文化产业发展，我以为头等的大事也是维权，不仅要有法可依，关键在执法要严，对文化侵权行为，要重拳打击；同时，政府还应有适当投入，扶持文化企业用高科技维权。在商言商，企业是要赚钱的，只要文化产业有利可图，哪有企业不投资的道理？若投资者能蜂拥而至，那么可以肯定，中国文化产业大繁荣则为期不远矣！

林权改革谁来补台

　　国家推行"林权改革",江西是策源地。这几年我去江西少,对"林改"关注不多。不过有同事几年前曾赴江西调研过,我也读过他们的文章。实话说,对林权改革的方向,我从没怀疑过。所谓"山定权、人定心、树定根",意思是说把"林权"界定给农民,放权于民则人心稳定,农民会对山林更加爱惜。这样讲,理论上不应该错,至少我看不出有什么纰漏。是的,天下哪有人不爱护自己私产的呢?

　　然而大千世界无奇不有。前几天赴上饶讲学,顺便到横峰县葛源镇考察,我见到的现象令人费解。事情是这样,三年前葛源镇实行"林改",随后集体林场解散。原本以为,农民拿到"林权"后会爱惜山林,可想不到,有些农户却将自己山上的用材林一砍而光。而面对大面积砍伐,政府只能干着急,管不了。因为林权归了农户，农民享有处置权，砍伐自由，何时砍、砍多少都是农民的事，政府想管却师出无名。

在葛源镇政府办公室，曾与镇党委书记苏卫东同志一席谈。我问农民为何会砍树？他答是农民讲实惠、急功近利。说农民讲实惠我同意，但说农民"急功近利"却未必。本人也农民出身，三十年前种过地，我体会农民之所以看重眼前利益，多半是长远利益靠不住，有风险。举我知道的例子。大约是唐山地震那年（1976年）吧，我老家也听说会地震，传闻四起，人心惶惶，于是村民纷纷将饲养的家禽卖掉，卖不掉的便宰杀。是农民急功近利吗？非也。设身处地想，假如是你，在当时情况下你会怎么做？

经济学说，人的行为选择，一定是在约束条件下追求利益最大化。既然要追求利益最大化，农民怎会轻易放弃长远利益呢？民间有句俗语："多得不如现得。"其实，这并非人们不想多得，而是长远收益变数大，得之不易。也正因如此，故人们才选择落袋为安。相反，假若长远收益确定，人们则必选"多得"。比如有些农村家长节衣缩食地供子女上学，为什么？那是因为上大学的长远收益高，且他们的子女会读书，考大学的把握大；可为何有的家长却让子女辍学去打工呢？原因复杂，但据我观察，多数情况是子女升大学希望不大。由此看，农民所以大面积砍树，我的推测，也一定是长远收益不确定。按常理，用材林要生长成材才能赚钱多，可农民为何要提前砍伐呢？经多方查访，原来的确是事出有因。最主要的，是农民担心林木被盗。林改前，公家有护林队专人看守；可林改后，护林队没了，防盗的责任落到了农民自己头上，各家自扫门前雪。问题是，许多农户的青壮劳力外出务工，家里无人手；即便家里有劳力，仅几十亩山林却要占个劳力，得不偿失，所以不如砍掉了事。

据当地干部反映，农民砍树通常一窝蜂，会产生连锁反应。比如张三家的树砍了，李四家也会跟着砍。不然李四不砍，他家被盗风险则增大。人人自危，所以大家都得砍。而我的疑问是，面对共同的风险，农民何不集资聘请护林员呢？后来去宜春，就此请教过高安市委书记郭安，他告诉我，盗林者多是亡命之徒，农民自聘的护林员基本不管用。以前护林队由于有政府背景才有威慑力。而私聘的护林员无政府背景，即便有人盗林，护林员发现了也怕是难以阻止。

郭安的解释有一定道理，不过在葛源镇调查，我了解到还另有一层原因。"林改"之初，镇政府曾有意组织农民集资成立护林队，可想不到有的农户却不肯出钱。有人说，他家的林子离家近，用不着看管，不怕偷。而另一些农户则说，那些人明显是想占便宜，让别人出钱帮他看林子，他不怕偷，我也不怕偷，故我也不出钱。这种现象，经济学叫"搭便车"。是的，一旦允许搭便车，结果必是无人买票。没有钱，成立护林队再好也只能空谈，最终，还是不了了之。

由此看，国家把"林权"界定给农户，方向对；但如果政府不维权，农民的"林权"也就形同虚设。当然，不是说没有相关法律，真正的困难在于，由谁负责将那些以身试法的盗林者捉去公安局？上文说过，靠农民自己不行。农户身单力薄，各自为战往往斗不过盗林者；而集体成立护林队可以，可由于有人想"搭便车"，结果大家都不肯出钱，两难选择如何是好呢？

想来想去，我觉得可取之法是由政府成立护林队。其理由简单，当下"林权"虽已界定给农户，表面看，似应由农户自己维权，但想深一层，维权的责任其实仍在政府。政府作为公共利益的代表，首先就应该是产权的监护人。两百多年前，亚当·斯密就说政府是"守夜人"。作为"守夜人"，维护老百姓财产安全责无旁贷。

其实，从维权效果看，政府成立护林队是明智之举。说过了，农民自己护林无政府背景往往力不从心；而政府的护林队不同，代表国家执法，有足够的阻吓力。若转从成本看，优势更明显。比如1000家农户自己守林，哪怕投资1000万，分摊到每户也就够买两部手机，而政府护林队若只拿出500万，则可购买到先进的装备。两相比较，何者为优一眼就能看得出。

财政取之于民用之于民，而维权又是政府的责任。既然责任所在，请问政府还犹豫什么呢！

丽江空气该收费吗

去年赴丽江调研，一天夜晚得闲，便与几位同行一起去听纳西古乐。纳西古乐我并不懂，但对宣科先生的名气早有耳闻，慕名而去，当然也不虚此行。那晚不仅乐队演奏得好，宣科的主持更是别具一格。他操淡淡的滇西口音，谈古说今，风趣诙谐，不时令全场捧腹。而给我最深的印象，是宣科先生说丽江空气清新，应让我们这些外来客每人缴一元空气呼吸费。说者无心，听者有意，他一番调侃，当时让我想到了生态补偿那方面去。

丽江作为历史文化名城，常年游人如织，靠旅游就赚得钵满盆满，自然不会在乎再多收一元钱，也许正因如此，当地政府对宣科先生的建议未加重视。不过不收归不收，但不等于丽江就不该收，两回事。不妨设想一下，假如丽江财政很差钱，政府硬要向游客收费，你有理由反对吗？俗语说，天下无免费午餐。你享用了人家优质的空气，让你支付一元钱不多吧？何况丽江要保持这样的空气质量也有代价，比如放弃上重化工业就是他们的机会成本。

先不说丽江，若转从广大西部地区看，生态补偿会显得更紧迫。几年前我应邀赴陕西汉中讲学，那里自古乃兵家必争之地，山川秀美、物产丰富。可遗憾的是，汉中今天的经济却差强人意。何以如此？当地官员说，汉中被国家划定为"限发展地区"，为保护生态，很多工业项目不许上，看着人家赚钱，可他们只能束手无策。是的，汉中不比丽江，旅游未兴，虽说也是山青水绿，可没有赢利模式，环境再好老百姓也得受穷。为官一任，造福一方，当地官员所承受的压力可想而知。

另一个例子是山西。山西是资源大省，盛产煤。若论对国家工业化的贡献，这些年山西当记头功。可就是这个地方，由于资源的过度开采，近年不仅矿难频仍，且生态环境也每况愈下。为恢复生态，省委提出要转型发展、安全发展、和谐发展。转型发展当然对，也迫在眉睫。问题是产业转型不能空手套狼，要有大笔的投资才行。比如山西的文化旅游，据说地上文物占全国的70%，可见潜力之大无人能比。可由于地方财政拮据，基础设施差，旅游业至今难成气候。

这样的例子西部很多，举不胜举。不过我认为以上两例皆典型，而且也有代表性：汉中是国家为保护生态限制了发展；

山西则是为国家提供能源而损害了生态，而且能源过去多年都是计划调拨。由此看，无论汉中还是山西，他们都有理由要求国家补偿。所不同的是，前者是弥补发展的机会成本；后者则属于还账。欠账还钱，国家对资源性地区补偿理所应当，不必说。事实上，中央财政这些年也一直对山西有支持。眼前要研究的是，国家对像"汉中"这类限发展地区怎样补？

说过了，国家限制某地上重化工，若从经济学角度看，发展重化工的收益就是该地区保护生态的机会成本。国家给补偿，说到底，不过是为了减低其生态保护的成本。显然，补偿对限发展地区来说是好事，且多多益善。可困难在于，目前中央财政并不宽裕，家大业大而又千头万绪，要花钱的地方多，单靠中央给钱恐怕力不从心。是以为难，于是几年前就有专家建议将工业排放指标分解到地方，允许各地上市拍卖，那些排放超标的工业发达地区，就得向西部买指标，这样可由市场再提供一些补偿。

市场补偿的思路我赞成。是的，由财政与市场同时补，双管齐下，多一份力量总比财政一家独补强。但要提点的是，不论是财政补还是市场补，我认为不能是单单给钱。古人云，授人以鱼不如授人以渔，与其补贴吃饭，倒不如帮助发展赚钱的产业。否则一个地方要是没有产业，不能以钱生钱，补贴再多也会坐吃山空，至少我们还未见有哪个地区是靠吃补贴而致富的。可麻烦在于，限发展地区受政策限制，很多产业又上不了。两难选择出路何在？

要解决此难题，我想到了两个办法。第一个办法我称之为"借鸡下蛋"，操作起来也相对容易。比如发达地区向限发展地区购买工业排放指标，后者不必直接收钱，而是去占有对方的股份，然后每年按股分红取得相应的收益。比如某地区可转让的排放指标值 1000 万，一次性转让 20 年，那么就可拥有 2 亿元的工业股权。这是说，限发展地区虽不能在当地办工厂，但仍可易地投资办工业，至于投向哪类产业，限发展地区有主动权，天南地北可任你选择，你把排放指标卖给谁，你就可以拥有那个企业的股权。

第二个办法是改税制，主要是将增值税改为消费税。时下各地争先恐后上项目，为什么？说白了其实就是争税收。增值税是属地征税，作为中央与地方共享税，其中有 25% 留给地方。如此一来，哪里的项目上得多，税收也就多，这样无疑对限发展地区不公平。我曾多次写文章，建议将增值税改为消费税。因为消费税是在消费地纳税，这不仅可避免大家为争税而重复上项目，而且也维护了限发展地区的利益。

回头再说丽江。上周到丽江做讲座，与古城区委书记周鸿谈起空气收费的事，他很赞成却又担心上头管理部门不会批。我说批不批倒在其次，不重要；重要的是表达出这种诉求可推动国家生态补偿机制改革，同时也可大大提高丽江的知名度。一箭双雕何乐而不为呢！

气候问题的经济学视角

　　哥本哈根国际气候大会上月落幕，曲终人散，遗憾多多。不过我对这次会议的期望不高，结果也在意料中，失望不算大。这样说并非我有先知先觉，而是此结果实在容易推断。想想吧，每个国家都有自己的利益，而参会代表各为其主，利益不同，坐在一起怎免得了唇枪舌剑？争论本来没什么，可问题大家都是当事人，谁也没有足够的权威站出来主持公道。相持不下，结果当然可想而知了。

　　坦率地讲，对"气候何以变暖"我所知不多，应是高深的学问吧！前几天国家环保总局一位专家在中央党校讲"气候"，慕名而去，可谁知人家上说天文，下说地理，名词术语多而专，闻所未闻，听得我如坠云雾。不过有一点我倒听明白了，气候变暖原因虽多，但主要还是二氧化碳等温室气体的排放所致，若想遏制气候变暖，人类必须自律，尽量减少碳排放，否则后果将不堪设想。

据专家说，气候变暖，不仅会使海平面上升，而且会令降雨、降雪的数量和样式发生改变。而这些变动又会引起连锁反应：使极端天气事件更强更频繁，譬如洪水、旱灾、热浪、飓风和龙卷风。除此之外，还有其他后果，包括更高或更低的农产量、冰河撤退、夏天河流流量减少、物种消失及疾病肆虐等。由此看，气候变暖是地球的灾难，人类当联手应对才是，可让人不解的是，灾难当前人类怎会如此不理智呢？

其实，这就是经济学说的典型的"公地悲剧"。照理，地球是人类的共同家园，保持生态和谐乃各国共同的职责，义不容辞。然而问题就在这里，既然地球是大家的地球，而一国所追求的则是本国利益最大化，只要工业能发展，国家能富裕，往往会对碳排放听之任之。之所以会如此，原因简单，因为碳排放的后果并非由排放国独自承担，而是全人类一起买单。

于是这就引出了经济学的两个重要概念，即私人成本与社会成本。为便于理解，我举一家工厂的例子来说。假如某炼钢厂预算的年经营成本为 5 亿元，而可收益 6 亿元，对企业主来说，利润率是 20%。有利可图，那么该项目就有可能上马投资。但要指出的是，企业所谓的经营成本，实际只是内部的"私人成本"，炼钢污染（碳排放）给社会造成的损失（即社会成本）并未计算在内，若社会成本是 2 亿元，这样两项成本加在一起看，该项目则是得不偿失。

是的，这正是经济"负外部性"带来的困扰。一家工厂如此，一个国家也如是。对解决"负外部性"问题，经济学早期的设想是"庇古方案"，即由政府向钢厂征税（2亿元），然后再补偿给受害者。这样处理，当然能使私人成本与社会成本一致，也公平；但论效率却未必可取。第一，政府事先不对"碳排"设限而事后征税，说穿了是先污染、后治理；第二，从成本看，若政府先限定排放标准，企业也许花1亿元改造工艺就能达标，这样，也就用不着交2亿元的税。

事实上，所谓"污染问题"，在我看来实质就是产权界定问题。说明白些，只要政府明确界定企业是否具有碳排权，污染就不难解决。这方面，科斯教授的研究应对我们有启发。科斯定理说，只要交易成本为零，产权界定清晰，产权分配不影响经济的效率。这是说：若交易成本为零，产权界定重要，但产权给谁不重要；反之若交易成本不为零，产权界定重要，产权给谁也重要。推论是，产权界定应以交易费用为依归。

还是举例说吧。某钢厂每天冒黑烟，令附近5户居民晒衣服受到了损失，若每户损失75元，5户共损失375元。假定现在有两个方案解决这个问题：一是每户准备一台50元的烘干机，总费用为250元；二是在工厂安除尘器，费用为150元。两相比较，显然安除尘器合算，问题是怎样才能让人选择此方案呢？科斯说关键在产权界定。比如，如果政府明确钢厂有冒烟权，那么居民会出资给工厂安除尘器；若政府说居民有不受污染的权利，则工厂自己会安除尘器，否则买烘干机成本会更高。

当然，以上是假设交易费用为零的情形，若交易费用不为零，产权界定给谁就变得敏感了。我观察过，但凡工厂排烟给居民造成污染，此时若把产权界定给工厂，居民通常就会寻衅滋事。多年前我在襄樊曾目睹过居民围堵某化纤厂，原因是工厂排烟，邻近居民生病认为是工厂排烟的缘故，因而要求给报销医药费。当地政府多次斡旋协调，交易成本奇高，可结果还是麻烦不断。于是我想，要是当初政府把产权界定给居民，让工厂自行解决污染，纠纷也许就不会发生。

写到这里，让我们再来讨论地球变暖问题。哥本哈根会议最后不了了之，依我看，关键的原因是忽视了碳排权（产权）的界定。换句话说，是各国政府没有首先就是否限制"碳排权"达成一致意见。若大家有一致立场，都同意限制碳排放，并把地球可接受的碳排量按比例（比如按人口或国土面积）分配给各个国家（地区），跟下来的问题则将迎刃而解。

我想到的有两招：第一，增量调剂。即今后所有碳排超标的国家都必须先从"市场"买到排放指标，否则，没有指标就不得再继续排放；第二，存量补偿。意思是，发达国家在工业化过程中已经排放了大量的二氧化碳，他们应该对此承担补偿的责任。这里有个误会要澄清，欠发达国家要求发达国家予以资金与技术支持，有人以为是让发达国家提供援助，其实不然，这不是援助而是补偿。损坏东西要赔天经地义，若这样看，发达国家能有理由拒绝么？

市场选择

拿资源养人得不偿失

1972 年，正当西方国家处于发展的"黄金岁月"，世界经济一派繁荣时，罗马俱乐部的首部报告——《增长的极限》问世了。作者梅多斯预言，由于人口急剧膨胀，资源过度耗费，环境迅速恶化，人类即将陷入无法控制的衰退。此言一出，令全球朝野震惊。

的确，工业革命以来，人类对待大自然近乎肆无忌惮：短短 300 年里，就掏空了地下长久积淀起来的大部分资源；大片的原始森林，在人们的斧头和电锯下渐渐消失了；随处可见的是生活垃圾和工业废物。种瓜得瓜，种豆得豆。面对人类的肆意掠夺，大自然以牙还牙，毫不客气。大气臭氧层出现了空洞，不再为人们抵挡紫外线；水土流失，土地变成沙漠；厄尔尼诺，拉娜列，赤潮，洪水，干旱……灾难一个接着一个。人类尝到了自己亲手种下的苦果。

面对严峻的生存环境，人类再也不能漠然视之了。1972年，联合国召开人类环境会议，号召全世界人民与污染作斗争，捍卫人类美丽的家园。各国政府纷纷响应，并积极行动起来。此后，联合国环境与发展委员会又提出了可持续发展的概念，进一步呼吁人们，为了自己和子孙的幸福安宁，应更多地关注环境，与自然和睦相处。今年年初，中国政府把建设环境友好型社会，写进了"十一五"规划。

然而这些年，尽管媒体大张旗鼓地宣传，政府极力倡导，但效果却不尽如人意，生存环境每况愈下。近10年来，长江洪水冲走了数千亿的财产，以至每逢汛期，人们都提心吊胆。黄河，母亲河，曾经抚育了一代代中华儿女，可是她的"乳汁"，再也不像以前源源不断。黄河断流了！而每年春天的沙尘暴，竟使半个中国不见天日，一片混沌。当人们向大自然贪婪索取的时候，也受到了大自然无情的惩罚。

掠夺大自然，我们已经吃尽了苦头，可为什么没有吸取教训，引以为戒？表面上看，是由于人们目光短视，见钱眼开。其实，最根本的原因，还是大自然的供给是敞开的，几乎是"免费的午餐"。从经济学角度讲，自然资源属于公共资源，也就是说见者有份。既然是见者有份，不用白不用，因此，大家都争先恐后，唯恐慢了半步而"吃亏"。

举个例，一块草地，归大家所有，人人都可以放牧赶羊。

起先，大家每人养一只羊，草地能够承受，可有人发现草地是公地，无人管束，而养羊又很划算，何不多养几只？此人虽然精明，可旁人也不是省油的灯。于是，羊一天天多起来，草地再也无力去填饱这些羊的肚皮。最后，草被吃光了，草地变成了荒漠，人们不得不离开家园，另寻生计。

这个例子，说的就是"公地悲剧"。而现在人们随意污染环境，则是一个更普遍的"公地悲剧"。比如工业废物，若让生产厂家自己做净化处理，既劳神又费钱，倘向大自然排放，不仅省事，还可以节约开支，可这里肥的是厂家，亏的是"社会"，用一句经济学行话说，就是把私人成本转嫁到了"社会"头上。

看来，要避免"公地悲剧"，选择收费，实行资源的有偿使用应是可行之策。人们大多有一种心理，大水冲来的东西，会毫不在意，只有花钱买来的，才倍加珍惜。很多人用起资源来随心所欲，大手大脚，是因为这些资源是白捡的，现在若要掏腰包，人们就不得不掂量掂量了。因此，对付破坏环境一类的问题，必须把生产者踢给社会的"球"，再给踢回去。

在发达国家，政府经常是奖罚并举。对于那些用于防治污染，高效使用资源，综合利用废物的，给予资金支持，税收减免。对于污染企业，则通过征收"碳"税、二氧化硫税等名目繁多的环保税，以及各种排污费，让他们无利可图，只得去更新设备，减少废物排放，或者改弦易辙，生产"绿色"产品。

毫无疑问，政府一旦收费，会给那些资源利用率低、污染严重的企业，带来生存危机。一些企业，之所以至今还在苟延残喘，就是因为它们白用了资源，而排放废物，又不付代价。假若使用资源要交费，污染环境要上税，那么，这些企业恐怕就只有"寿终正寝"了。果真如此，企业关了门，这时兜底的当然是政府。

所以，政府现在必须算清两笔账：一是拿钱养人；一是拿资源养人。到底收不收费，就看政府如何定夺。若收费，企业关门破产，政府就得拿钱。就目前的状况，财政虽然有些吃紧，可能要发点国债，借未来的钱，养今天的人，但这样做能节省资源，给自己和后人提供一个持续发展的环境。若不收费，企业还可以拖延一时，职工暂时也用不着政府养，但得透支资源，使环境进一步恶化，由此带来的后果，不仅是断了子孙路，而且我们也得自食其果。权衡利弊，笔者的看法，与其拿资源养人，还不如拿钱养人。

总之，要处理好人和环境的关系，就要辩证地处理好经济增长与可持续发展的关系。没有一定的增长速度，生活得不到改善，谈不上发展。可吃了上餐无下餐，有了今天无明天，同样也不能说发展了。发展离不开资源，但发展绝不意味着要过度地耗费资源、破坏环境。真正的发展，应当是山川环境秀美，经济蒸蒸日上，并且兼顾当前和未来。换句话说，可持续，才是经济发展之本。

"跳槽"并非免费午餐

海克曼年初到湖南大学讲学,湖南卫视的朋友打电话邀我去长沙与海克曼作一次对话,主题是如何看待国企员工跳槽。对这个话题我很有兴趣,而且海克曼是诺奖得主、经济学大师,能当面求教也是机会难得。不料临行前接到紧要公务,结果未能前往,让我与海克曼教授失之交臂。

对话没有参加,可疑问在脑子里挥之不去。问题是这样:中国改革开放后,国企不少职工跳槽,有的去了民企,有的去了外企。国企老总认为,国企花钱培训员工,员工却另谋高就反过来帮别人与自己竞争,这是否符合公平竞争原则?按理讲,谁投资,谁受益。既然员工由国企培训,那么就应知恩图报,为企业服务一个时期。若服务期不满抽身走人,那么用人单位就得给企业补偿。可跳槽员工的看法是:当初培训员工,是企业的人力投资，与其他投资一样，人力投资也有风险。若企业投资其他项目赔了没人会给补偿；为何投资人力亏了却要求弥补呢？

的确，这是一个两难悖论。站在企业与员工的立场看，都有一定的道理。几年前，我曾陪同一个国企代表团到美国考察，所到之处中方国企负责人总要问：经过培训的员工跳槽怎么办？而美国人答得简单：只要员工提前告知便可，培训费不必追回。他们的理由是，企业招聘的员工，都曾受过不同程度的培训，他们的培训费用是别的企业支付的。如此，若把投资收益原则倒过来，谁受益，谁投资，那么你现在聘用他人的员工，作为受益者是否也应付费呢？倘你不愿意，就不能要求别人付给你。其实，只要允许劳力流动，互不付费，谁都不会吃亏。相反，还可为企业节省交易费用的。

是的，美国是一个发达国家，劳动力自由流动，互不付费也算公平。可中国的情况不同，国企也比不得私企。按照经济学的说法，劳动力流动，是以收入为导向的。国企一直在为社会支付成本，比起非公企业来，国企拖儿带女，包袱沉重。由于收入低，待遇差，对人才缺乏吸引力，致使近年来国企人才招聘门庭冷落。由于技不如人又想穷则思变，于是只好自己花钱培训。令人尴尬的是，员工培训后，却又被人挖了墙脚。面对这种局面，国企若不规定服务期，无疑是里外吃亏。这种赔了夫人又折兵的事，摊到谁的头上谁也不会痛快。所以，国企规定服务期，虽是无奈，但也在情在理。

可换个角度想，规定服务期虽然合理，但却非明智。比如有一个农民，自己花钱送儿子上大学，待儿子毕业找工作时父亲会怎么想？他会要求儿子回家种地吗？当然不会。通常的情形是，他会鼓励儿子跳槽。因为父亲知道，种地并非儿子专长，让其转做他业将来对家庭的回报也许会更高。再有一个例子，就是现在很多私企老板，花大把的钱送孩子去"留洋"。可在孩子送出去之前，也不见有老板与孩子签合同，要求其学成回国后替自己打理多少年企业。即便将来孩子改换门庭进了别的公司，父亲也不会觉得吃亏。为什么？因为父亲望子成龙，只要别人用其所长，父亲便乐在其中。

也许有人解释说，国企不同于农民，也不同于私企老板。农民和私企老板的儿子，无论在何处就业都还是他们的儿子，只要父子（所有权）关系不变，儿子将来就负有赡养父母的义务。可国企的员工不同，一旦跳槽便与企业再无瓜葛，即使员工将来发达了，企业也不能从中受益。作这样的辩解，其实是只知其一，不知其二。表面上看，国企与员工的确没有父子之名，但却仍有父子之实。因为国企由政府投资，政府的钱来自纳税人。既然如此，无论员工跳槽至何处，他及他所在的企业都将作为纳税人向政府缴税，这与儿子养老子有何分别呢？

如果从所有者的角度，还可把问题看得透彻些。众所周知，国企的老板是政府。那么站在老板的立场看，政府花钱培训员工，员工从国企跳槽私企，政府是否会吃亏呢？经济学的回答，是看员工在何处就业创造的税收更多。倘若私企能人尽其才，不仅员工收入高，而且提供的税收也多，那政府就是小本博利反赚不赔。从这个意义上说，私企从国企挖人，决非免费午餐，最终他们是要以多缴税来补偿政府的。

至于国企人才流失，应对之策是疏而不是堵。比如：让国企转机建制，练好内功，提高收入，用收入留人；同时，政府再网开一面，加大对国企人力培训的投入。只要政府肯花钱，企业也就不必患得患失。再说，政府的钱取自于民，用之于民。多花些钱培训人才，就当是投资职业教育，此事功在当代、利在千秋，何乐而不为呢？

重复建设为何卡不住

近几年来，中央三令五申要卡住重复建设，可各地依旧我行我素，重复建设势头始终未能遏制。今年早些时候，违规上马的铁本钢铁项目被国务院下令叫停，社会各界一时舆论哗然，褒贬不一。但不管怎么说，重复建设问题再度引起了人们的重视。

各地对重复建设乐此不疲，倒不是说人们不了解它的弊端，不懂得顾全大局。事情明摆着，在产业布局上结构雷同，大家都往独木桥上挤，谁的日子都不好过，弄不好还会桥毁人亡、多败俱伤。前些年大家一窝蜂地上 VCD 生产线，仅在电视上做广告的就有 40 多家，还有许多叫不出名的小厂更是不计其数。正如有人说笑话，厂家比买家还多。就这种情况能有什么好结果。本来是赚钱的买卖，到头来弄得大家蚀本赚吆喝。

其实，从中央到地方，没有哪一位领导不反对搞重复建设。可问题是大家站的位置不同，看问题的角度就不一样。一些项目在中央看来是重复建设，到了省里，可能只此一家。同样，省里认为是重复建设的，地县官员不一定认账。并且大家反对重复建设，眼睛主要是盯着别人。如果有什么好项目能大把地赚钱，最好是别人不生产只让本地生产。人人心存此念，重复建设自然是卡不住。

企业搞重复建设的冲动，说破了是一个体制问题，是体制背后的利益作祟。河南某铝厂是一家用电大户，由于扩建，年用电量增加近 20 亿度。以前由省电网供电，1 度收费 0.33元。随着市场开放，铝业竞争也日趋激烈，高位电价使企业竞争渐无优势。距铝厂不远处，就是一家电厂，上网电价为每度 0.263 元。于是双方协商，电厂用 2 台机组直接向铝厂供电，可这个合作方案，却遭到了省电力公司的强烈反对。理由很简单，这种直接供电方式，无疑把电力公司盘中的蛋糕切走了一块。可铝厂要立足市场，与同行角逐成本是非降不可，万般无奈之下，只好考虑自建电厂。

由于利益关系摆不平，重复建设也就由此而生。解决此类问题其实并不难，只要对现行电力体制稍加改革，输电网仍由国家统一管理，网络向所有电厂开放，电厂竞价上网；消费者自由选择供应商。当买电比自己发电便宜时，哪个还愿意劳心费神地自建电厂呢？

地方搞重复建设，在很大程度上与我们现行的财政体制有关。1994 年，我国财政体制改革，实行分税制。中央和地方，以事权定财权，对各自收入做了明确划分。作为第一大税种，增值税按七五、二五比例成为中央和地方共享税。这部分税款，对地方来说是举足轻重，为了确保财源，各地自然是想方设法上项目。因为大家都清楚，别人上项目你不上，成了别人的销售地，到时候吃亏的是自己。

举例说，上海别克轿车，在全国各地销售，可交的增值税，75%归中央，另外 25% 进了上海市财政的腰包。增值税是间接税，最终都摊到了消费者头上。也就是说，增值税是消费者凑的份子，理应有各地的一份。可按现行的体制，各地只能眼睁睁地看着上海大把进账，吃香喝辣，自己却不能分一杯羹，心里肯定顺不过气来。所以，上海建"大众"，湖北就建"神龙"，其他省份也建起了这样那样的轿车厂。重复建设产生了，随之而来的是产品找不到销路。这时候只有两种选择，一是竞相杀价；二是寻求地方保护。君不见，近些年价格战硝烟弥漫，地方垒的"土围子"随处可见。

地方政府追求地方利益，保护地方利益并不是坏事。为官一任，造福一方。地方政府若不为本地谋利，老百姓会拥护吗？再说，没有地方的发展，哪会有全国的繁荣？至于地方利益导致重复建设，解决的办法不是反对地方利益，恰恰相反，是要调整好地区间的利益。比如在国家财政还没有完全转为公共财政，政府还需向竞争性行业投资的情况下，改革现行税种，把向企业征收的增值税，改为在产品最终消费地向消费者征收消费税就不失为一种可行的选择。

税种改了，中央仍可从中分成，收入不会减少，真正改变的只是地方之间的利益关系。原来是企业越多，税收越多，现在只要有消费者，就会财源滚滚。这样，各地就不会再竞相去上新项目，搞重复建设，而会把精力集中在增加老百姓收入，改善市场环境上。如上海的别克卖到江西，消费税在消费地征收，江西能从中得到好处就不会眼红上海，自己再去生产汽车了。相互垒起来的"土围子"不用中央下令，都会自行拆掉。

当然，改增值税为消费税，政府也不用搞"一刀切"。比如对需要鼓励发展的高科技产业仍可执行现行的税收政策；而对需要限制发展的产业，特别是资源掠夺性的产业则应改征消费税。政府若能区别不同情况，相机抉择，就能达到收放自如、一箭双雕的目的。目前，世界上很多国家都这样做了，我们也试验试验如何？

耕地占补应全国平衡

中国人口多，吃饭是大事，迫不得已，所以国家要出台严厉政策保护耕地。但换个角度看，中国是发展中国家，无农不稳，无工不富，工业无大成，经济要有可观的成就不容易，若想追赶发达国家，更是希望渺渺。困难的是，发展工业非空中建塔，占用耕地势所难免。两难选择，鱼与熊掌要得兼，怎么办？

最近一月，我先到重庆、陕西调研，后去广东，再赴东北，天南地北地看，所到之处城市建设龙精虎猛，工业化气势如虹。但与地方官员座谈，普遍的反映，是当下发展工业无地可用，土地成了掣肘工业的瓶颈，所以大家希望中央能网开一面，对现行耕地政策作些松动。有的地方千辛万苦招引外资，现在万事俱备，可就是手中没地，等米下锅，当然要心急如焚。

我理解地方官员的苦衷，其实，中央政府也并非没看到这一点，比如允许地方自行整理土地实行占补平衡，就是为地方发展工业开绿灯。成都是很好的例子，政府集中建居民小区，请农民上楼，而农民原来的宅基地改作耕地，耕地扩大了，土地置换，则可将城郊耕地用于工业。只要耕地总量不减，政府便有一定的自主调剂权。

可见，占补平衡有原则又有变通，是个两全之策。尤其是中西部地区，工业滞后，耕地整理大有可为。麻烦在东部沿海，工业起步早，能整理的土地少，占补平衡的回旋余地不大，可是从投资收益看，东部投资环境好，兼具资金、技术、人才优势，发展工业得天独厚，于是就带出一个问题，东部搞工业优于西部，那么中央政府能否把"占补平衡"政策放宽，从省内平衡推到全国？

年多前，上海有官员在中央党校学习，恰好与陕西一位分管农业的副省长同班，两人商议，由上海出资，在陕北黄土高原闸沟造地，所造耕地归当地政府，而用地指标则转给上海。如此一来，陕西多了耕地，上海有了用地指标，各得其所，一拍即合。可按现行政策，耕地占补只能省内平衡，跨省调剂既无先例，也无章可循，国土部门不肯表态，事情最终只得搁浅。

其实，政策是人定的。这些年，政府调整政策的例子不少见。问题是，当下耕地允许跨省平衡是否会有不良后果？比如说会不会冲击国家的粮食安全？未雨绸缪，中央政府当然要慎之又慎。不过我判断，国家现在不放宽政策，主要的担心还不是粮食安全。逻辑说，不论省内平衡还是跨省平衡，只要保证平衡，耕地总量不变，就不会危及粮食安全。

中央政府的担心，可能在区域差距。摆明的道理，农业的收益低于工业，西部若把用地指标让给东部，自己的工业不发展，经济怎可能后来居上？再有，东部多了用地指标，发展工业如虎添翼，而西部却专于农业，天长日久，与东部的差距必将越拉越大。由此看，中央政府不松口，不鼓励耕地跨省平衡，说到底，就是希望西部能利用好土地政策，急起直追，把工业搞上去。

值得讨论的是，西部真有必要大规模发展工业么？站在西部的立场看，当然有必要。既然工业比农业赚钱多，西部要发展工业，理所应当：不过从全国产业分工的角度看，答案却不肯定。经济学说，分工能产生效率。东部的绝对优势在工业，西部的绝对优势在农业，若按绝对优势分工，东部多搞工业，西部多发展农业，全国生产率会提高，国民财富会大增。

再有，从生态与环保的角度看，西部大举搞工业也未必明智。现实情况是，西部缺资金，要发展工业必须靠招商引资。可西部的投资环境，目前明显不及东部，人往高处走，若想让东部企业西进，除非人家看中了你的资源，要不就是东部将要淘汰的劣势产业。不然，他们怎会抛家舍业跑到西部去？我曾到过西部不少地方，发现所引进的项目不仅多数科技含量低，而且有污染，破坏了对当地生态环境，算总账，得不偿失。

照此说，西部不宜发展工业，那么岂不是要甘居贫困？非也！我的看法，只要用好市场机制，西部把用地指标转予东部不一定会吃亏。这里的关键条件有三，第一，中央政府应设立全国性耕地占补指标交易中心，有了这个中心，东部要用西部的占补指标可以，但必须去交易中心竞买，由于指标供不应求，价格一定不菲，而西部转让指标所得收入，可参股投资东部的工业。

第二，不仅耕地可全国占补平衡，而且工业废气排放也应全国平衡。国家只需控制总量，并按国土面积将排放指标分配到各省市，如此一来，东部工业发达地区排放若超标准，那么就得去西部购买指标。设想一下，只要排放指标允许公开拍卖，对西部工业欠发达地区，也肯定是一笔不小的收入。

第三，改增值税为消费税。当下各地热衷于搞工业，说到底是利益驱动。比如现行税制以增值税为主体，而增值税是在生产地纳税且四分之一留当地，所以各地都有上工业的冲动，争先恐后，大家争的不过是税收。若把增值税改为消费税，产品卖到哪就在哪纳税，然后由中央与地方分成，这样利益共享，西部何需不顾客观条件上工业呢？

顺便说一句，我主张耕地占补全国平衡，意在提高耕地占用的效率，而不是反对西部搞工业，西部具有竞争优势的工业，当然要上；尤其是农产品加工业，不仅应当上，而且要大上快上。问题是那些不具优势的产业，西部则不必跟东部争高低，扬短避长，终归不是可取的办法。

质疑"土地换社保"

　　学界讨论"土地换社保"好些年了，是老话题。不过时至今日此建议已不再是学者的纸上谈兵，不少地方有实施。我最早看到的案例，是五年前福建邵武市的试点。那次赴邵武考察，拜访过政府官员，也走访了农民工家庭，对当时市府推行土地换社保，赞成者明显地多。既然大家都拥护，我一个旁观者当然不好反对。改革总得往前走，而自己又拿不出比这更好的办法，边走边看，摸着石头过河也是可取的吧。

　　实话说，我当初赞成土地换社保，主要的考虑有两点，一是土地要适度集中。关注"三农"多年，有个观点我始终坚持，那就是农民致富必须规模经营。粗略算账，当下农民人均耕地不足 2 亩，每亩净收益不过 500 元，满打满算，种地收入人均也就 1000 元。这是说，人均两亩耕地温饱可以，但却不能大幅增收。然而困难的是，现有耕地皆已承包到户，耕地很难集中。曾到豫东农村作过调研，发现有的农民进城务工已近 10 年，可耕地却不肯让出，自己广种薄收；而留守的农民想多种地却又无地可种。

另一点考虑，是从农民工的保障看。众所周知，进城务工农民由于没有社保，有后顾之忧；加上工作朝不保夕，不稳定，万一哪天在城里待不住最终还得回乡下去种地，所以在农民眼里，耕地是最后的防线，其实也就是他们的保障。所谓"宁可抛荒，不肯失土"，不是说农民与生俱来就恋土，而是进城农民没有安全感。要是农民工有保障，在医疗、养老等方面能享受城里人的同等待遇，可在城市安居乐业，他们何不放弃土地呢？这样看，让农民用土地换社保也就不失为一个办法。

当然这是我原来的看法。最近有两件事对我触动大，自己不得不反思：一是金融危机。有目共睹，这次金融危机对中国经济产生的影响，说是"重创"当不过分。由于出口受阻，去年中小企业（特别是出口加工企业）倒闭 6.7 万家。城门失火，殃及池鱼，农民工也因此大量下岗，据官方的数字称，去年下岗返乡的农民工达 2000 万。当时有人担心，这么多人失业会不会酿成社会动荡，可事实证明有惊无险。何以会如此？说到底恐怕还是农民工乡下有块地。谢天谢地，幸好当初他们没拿土地去换社保，否则下岗后没退路，后来的局面将不堪设想。

另一件事，就是国务院决定从今年起着手建立新型农村社会养老保险，而且说做就做，年内已在百分之十的县（市、区）先行试点。为农民办养老保险是好事，我当然赞成；何况关系到社会稳定，政府也该出力。但由此带来的问题是，既然政府有意为农民办保险，那么就不应该让农民用土地换。不必深想，假如留守农民的养老保险是由政府出钱，而进城农民工则要用土地换。大家都是农民，怎可以厚此薄彼呢？再说，若进城机会成本太高，谁会离乡背井去务工？而农民不进城，土地不也照样集中不了么？

转从理论方面看，我不同意土地换社保，是因为社保不是商险。在某种程度上，社保其实具有公共服务的性质，所以世界上无论哪个国家，社保都是社会统筹与个人缴费相结合，而且大头资金皆由政府出。如此，若让农民用土地换社保，这明显与社保的公共服务性质相抵触。我不是说农民不该缴费，该个人出的部分当然要出。我的意思是，个人缴费不至于要用土地换。一般地说，进城务工比种地的收入更高，若留守农民交得起费，进城农民工不会交不起，为个人缴费是用不着放弃土地的。

再从操作层面看，农民用土地换社保，交易的一方是农民；而另一方是政府。且不说这交易的理由是否成立（因为社保本应由政府提供，无需交易），而我要问的是，政府换土地做什么？是筹集社保资金吗？如果是，那么耕地卖给开发商用途就会改变，此例一开，不仅十八亿亩耕地红线守不住；而且也背离了规模经营的初衷，后果必危及国家粮食安全。相反，政府若不为筹资而是推动规模经营，则"土地换社保"就纯属多此一举。事实上，规模经营只需土地使用权流转，大可不必将耕地一次性买断。

是的，只要将耕地产权界定给农户，土地如何集中农民自有主张。我曾赴山东枣庄市考察过，徐庄的做法是组建土地合作社，农民用耕地入股，入股后可参与经营，也可进城务工，即便不参与经营，年底仍可分红；而滕州的做法是转租，租期长短不等，但最长不过八年。值得一提的是滕州设立的土地流转中心，看上去，就有点像城里的证券交易大厅，有电子屏即时显示土地的租期与价格，信息公开、转接自由。表面看，两地做法虽有相同，但也有一个共同点，即产权归属皆不变。

写到这里，我的观点很明确：第一，社保主要应由政府提供，若让农民用土地换社保不仅有悖于公平原则，而且后患无穷；第二，规模经营必推动土地流转，但土地流转未必需要卖断产权，两回事，不可混为一谈；第三，即使有农民要卖断产权，政府也得从严掌握。除非户口已迁进城市，有住房，有稳定收入，否则只要还保留农民身份，在城里居无定所且无相对稳定的职业，耕地产权就绝不可轻变。

又见民工荒

　　虎年春节刚过，媒体便报出消息称南方出现了"民工荒"。起初我并不以为然，半信半疑。去年上半年，政府还在为农民工下岗头痛不已，可仅隔几个月，工厂怎会突然招不到人呢？难道真的是今天的劳动力短缺？细想不应该。十三亿人口的大国，缺啥也不会缺劳力。当然，我不是说媒体报道不实，打电话问过东莞的朋友，自己也赴浙江查访过，很多厂子招不到人确有其事。

　　于是学界一片惊呼，中国人口流动已出现"刘易斯拐点"。有人断言，改革开放30年，随着农业劳动力不断转向工业，工业部门的迅速扩张已将农村剩余劳力吸收殆尽。时至今日，劳动力供给已从过剩转为短缺。是这样吗？我可不这么看。不是中国不会出现"刘易斯拐点"，我相信这个拐点很快会到来，但今天还不是。支持此判断的事实是，前年受金融危机冲击有2000万农民工返乡，而这些人至今还不少仍滞留在农村。

正好是一年前吧，当时面对大规模的农民工返乡，国务院严阵以待，明令地方要妥善安置。举措有三条：一是加大基础设施投资以吸纳就业；二是组织农民工职业培训；三是鼓励回乡创业。很显然，这些举措虽然有用，但却未能治本。投资基础设施能解决部分人就业，可那都是临时就业；职业培训可减缓就业压力，也不能代替就业。至于回乡创业，我曾赴江苏、江西等地考察，创业成功的有，但并不多，凤毛麟角。由此看，农村剩余劳力仍然存在，至少还不能证明当下就是"刘易斯拐点"。

令人不解的是，农村劳动力供给不短缺，那么何以会出现"民工荒"？卖方有商品而不供应，经济学的解释，一定是买方出价不够高。是的，农村劳力有剩余而工厂却招不到人，工资低肯定是原因之一。要知道，民工的立场与厂商不同，工资是否足够高不单是纵向比较；同时还得从成本方面看。比如去年月工资一千；今年一千二。月薪多了二百，但若劳工成本每月增三百，这样务工的净收益就不是多了而是少了。

作这样的判断，并非我自己想当然。上周日在包头与返乡农民工座谈，算过账。他们说，去年房价上涨，城里房屋租金也水涨船高，一线城市差不多涨了20%，而且今年可能会更高。加上近来各类生活品价格回涨，进城打工的成本越来越高。所以他们担心今年工资增长若跟不上物价，背井离乡去打工会得不偿失，不合算。

农民有这种担心很正常，也不无道理。不过在我看来，他们讲的"不合算"，比较的不仅是进城的生活费用，还有务工的机会成本。所谓机会成本，是指做某种选择而放弃另一选择的最高代价。比如农民进城务工的机会成本，则是留在农村可得到的最高收益。这样看，今天农民打工的机会成本比20年前的确是高了许多。政府刚公布的数字，去年农民人均年收入突破了5000元；而20年前不过千元左右。

需要指出的是，农民留在农村的最高收益，不单是货币收入，而且也包括与父母子女朝夕相守的天伦之乐。天伦之乐虽难用货币直接度量，但说它是农民务工的机会成本不会错，不然，就解释不了有些农民工为何不出外务工的现象。简单算账，目前农民人均年收入5000元，每月不过400多元；而进城务工收入平均少说也在千元以上，扣除房租与往返交通费，月收入还是高过务农。既如此，他们选择留守农村而不去务工，无疑有照顾父母子女的考虑。

此乃人之常情，上面的推理不会错吧？若读者同意，这里则可引出两点含义：第一，就厂商来说，目前所以招工难，说千道万，归根到底还是工资不够高，不足以弥补农民务工的机会成本；第二，就政府来说，眼下还未为农民工提供公平的环境，尤其是子女上学、看病就医等，农民工还不能享受城里人待遇。将心比心，假如你子女不能在身边念书，常年天各一方，你会安心在城里打工么？

再往深处想。说工厂招工难是因为工资不够高，逻辑上是对的。劳动力供不应求，当然应该提工资，而且中央也三令五申，明确要求提高最低工资标准。可困难在于，许多中小企业受金融危机重创，劫后余生哪来钱加工资？我曾多次说过，若指望企业大幅加薪，除非政府先减税。否则，不减税而让企业加薪，无疑是强逼企业关门。再说，公共服务本该由政府提供，不管怎么说，农民工的公共服务不能靠企业加薪来支付呀！

回头再说"刘易斯拐点"。有数据显示，中国正开始跨入老龄化社会，60 岁以上老年人口已占到了总人口的 10%以上。这是说，"刘易斯拐点"眼前虽未到来，但迟早一定会来。未雨绸缪，国内企业必须早作应对。去年广东面对金融危机，提出"腾笼换鸟"推动产业升级，方向对，应该坚持。毕竟靠廉价劳动力的竞争不是长久办法，一旦"刘易斯拐点"出现，不提前准备到时怕会措手不及。

还有一点，算是题外话。目前农村种地虽不缺人手，但众所周知，这些留守农村的多是老人或妇女，年轻人不仅不愿种地，而且也不会种地。想想十年后，农村的土地谁来耕种？就算农村的新生代能全在城市就业，但粮食总得有人种吧？并非杞人忧天。古人云：人无远虑，必有近忧。不知政府是否对此有所考虑。

政府不必补贴富人

看题目，读者多数会同意吧？本人虽不是富人，但也不穷，不会有嫉富之嫌。写这篇文章，只是为给政府提个醒。按理说，富人有房、有车、有存款，衣食无忧，应多多接济穷人才是。可生活中偏偏有些怪事，穷人收入低，而当下某些政策却反而补贴富人，甚至某些时候还会让穷人去补贴富人。

并非危言耸听。留心观察，身边政府（或穷人）补贴富人的例子不少见。我相信，抽瘦补肥不是政府初衷，但政策实施的结果却如是。空口无凭，且让我说几点个人的观察。为避免偏见，尽量就事论事，必要时稍作评点，但也力求公正客观。另外有个不情之请，读者不论是否赞同，请稍安勿躁，多点耐心，等读完全文再作评论。

第一个例子，是肉禽价格。几乎一致的看法，此番物价上涨是由肉禽价格带动的。进一步的原因，是前年饲料涨价，农民养猪赔了钱，去年养猪少了，市场供不应求，所以价格要上涨。肉禽价格居高不下，经济学说，应对办法是鼓励农民多养猪，增加供给。可想不到政府却出招平抑价格。肉价受打压，农民心有余悸，不敢放手养猪，供求缺口补不上，肉价当然会持续地涨。

政府打压肉价，扬汤止沸，不仅价格下不来，反而压制了农民增收。若政府不管价格，农民养猪能多赚钱，猪养多了，市场供应充足，价格自会回落。困难在于，价格短期下不来，城里有人吃不起肉，政府总不能袖手旁观。怎么办？见效快的办法，是平抑价格。但政府这样做，无疑是让农民为城里人提供补贴。殊不知，城里吃不起肉的是少数，政府直接补贴那些低收入者即可。而那些高收入者日进斗金，肉价高低无所谓。可管制价格，不论收入高低皆买廉价肉，这不是让农民补贴富人是什么？

第二个例子，是大学收费。很多人以为，大学低收费是对穷人有利，其实这个看法是错的。早几年，国内就有学者呼吁提高大学收费标准，结果引来一片责骂。我的观点，现行大学的低收费，不仅只是照顾穷人，同时也照顾了富人，是让富人搭了穷人的便车。说严重点，是富人挤占了穷人的福利，才令一部分穷人的孩子上不了大学。

看看人家国外，大学通常分私立与公立。私立大学高收费，富人有钱可送孩子上私立，穷人孩子若成绩好，也可考奖学金上私立；而公立大学，则学费全免，穷人个个上得起。反观我们的高校，名义上是公立，但公立却要收费。所以如此，是因为公立大学多，财政养不起，故穷人上公立也得交钱。这几年，媒体时有报道，穷人的孩子考上了大学，却因交不起学费望而却步。与其这样，还不如分而治之，把清华、北大等一批名牌大学推向市场，许其高收费；而政府集中财力办公立，学费分文不取，岂不是对穷人更有利？

第三个例子，是居民住宅。近年来国内房价急升，老百姓意见大，是事实。俗语说，安居乐业，天下和谐。可人们买不起房，居无定所，怎会不怨天尤人？面对过高的房价，现在的问题就看政府如何处理。我的看法，用行政办法限房价，不要说做不到，即便能做到也未必能让穷人得益。道理简单，房价越低，升值空间越大，买房的需求就越高。富人比穷人钱多，手段也多，只要房价低于市价，必会大手购房，囤积居奇，以待日后转手盈利。

这方面，经济适用房是明证。政府补贴开发商建经适房，目的是为照顾穷人买房，可结果呢？能买到经适房的多是富人，而非穷人。别处我不知，看一看北京天通苑，在那里落户的有多少是穷人？明眼人早知，在那里买房的不少是大腕明星、豪商富贾和政府官员。这种补富人的结果，当初政府怕是始料不及。其实，照顾穷人住房，大可不必建经适房，补砖头不如补人头，给穷人发购房券，一杆到底，才能让穷人得到真正的实惠。

第四个例子，汽油供应。中国人口多，资源匮乏，能耗高，污染重，所以中央要求科学发展，节能减排，此乃国情所定，我们别无选择。但要研究的是，政府如何推动节能呢？以节油为例，有两个办法：一是用行政措施管制价格、限制油供；一是放开价格，用价格调节供求。从经济学角度看，第二个办法可取，既能减少交易费用，又能令稀缺资源实行高效配置。

让人费解的是，政府一面要求节油，但同时又不肯放开价格。何以如此？我猜测，政府是担心油价放开，有私家车的人会因加不起油而怨声载道。麻烦也在于此，价格不放开，大家都加得起油，可汽油短缺怎么解决？事实上，眼下国内有私家车的都是高中收入者，限制油价，说白了也是在补贴富人。富人不仅享用了廉价汽油，而且造成的污染还得穷人一起埋单。

不用再举例，以上足以表明，补贴富人虽非政府本意，但政府管制价格，结果却是让富人受益。我们既然要搞市场经济，价格是市场信号，高低就只能由市场供求定，哪怕是照顾穷人，政府也不必管制价格。经验说，政府管制价格，效果则不如直接给穷人补贴。补贴穷人可点对点，是雪中送炭，且富人搭不了便车；而价格放开，又能节约资源使用。一箭双雕，政府何乐而不为呢？

统筹城乡

"以城带乡"是个大战略

政府关注新农村建设，其重视程度前所未见，是幸事。笔者刚从意大利回国，看了人家的农村，心中不胜感慨。表面看，中国与发达国家的差距，似乎在农村，但往深处想根源还是在城市。可以说，没有城市的繁荣，绝不会有农村的富庶。

哪怕粗通社会发展史的人，都知道这样一组对应关系：在狩猎和采集食物的时代，我们的祖先过着流浪的生活；农耕时代，人类开始在广袤的原野上定居下来；而伴随着工商业的发展，是城市的崛起和城市文明的传播。时至今日，一国的城市化水平，已成为经济发达与否的标志。

其实，早在农耕时代，城市就出现了。但那时，它的作用主要是军事防御和举行祭祀仪式，并不具有生产功能，只是个消费中心。城市的规模很小，因为周围的农村提供的余粮不多。每个城市和它控制的农村，构成一个小单位，相对封闭，自给自足。很多学者认为，真正意义上的城市是工商业发展的产物。如 13 世纪的地中海岸，米兰、威尼斯、巴黎等，都是重要的商业和贸易中心；其中威尼斯在繁盛时期，人口超过 20 万。

工业革命之后，世界城市化进程大大加快了，由于大工厂打败了手工作坊，那些破了产的手工业者、丧失了土地的农民，不断涌向新的工业中心，城市获得了前所未有的发展。到第一次世界大战前夕，英、美、德等西方国家，绝大多数人口，都已生活在城市里。这不仅是富足的标志，而且是文明的象征。

勾勒出城市的起源，道理只讲了一半。它的另一半是，城市像个"加油站"，可以为工商业的发展不断注入新的动力。法国经济学家朗索瓦·配鲁克斯把城市比作"发展极"，它能像磁场一样，把生产要素聚集起来，在扩大生产规模的同时，酝酿创新的冲动，造就新的需求。回想英国的工业革命，当曼彻斯特的棉纺机取代了手摇纺车时，资本家迫切需要新型的动力，这最终促成詹姆斯·瓦特改进了蒸汽机；制造棉纺机和蒸汽机，需要更多的钢、铁和煤，因此带动了采矿和冶金业的发展；为了运送煤和矿石，人们又疏通河道，改进筑路技术，发明了汽船和火车。便捷的交通扩大了市场范围，反过来又支持了更大规模的工业生产。

在这一系列改变世界的变革中，城市的作用是中枢性的，和手工作坊相比，它把变革的要求更集中地呈现在人们面前，并展示了广阔的商业前景；没有它的整合效应，创新就不会持续不断的发生，生产力就不会实现"自驱动的起飞"。其实，在曼彻斯特成为欧洲著名的工业中心之前，埃及人就懂得了蒸汽机的原理，并学会了运用它。不过，不是用来纺棉花，而是用来驱动寺庙沉重的大门。

工业化和城市化应该是同步推进的。迄今为止，还没有哪一个工业国家，未能迈过城市化的门槛；也没有哪一个国家，能够绕过城市化，走上工业化的道路。而恰恰在这方面，我们是吃过大亏的。远的不必说，光是建国后，就走过不少弯路。不仅用户籍制度"卡脖子"，人为地制造城乡分割，"三年困难"时期，还搞职工下放，"文革"期间上山下乡。原指望通过这种方式，用农业来补贴工业，能赶英超美，更快地实现工业化，可历史开了大玩笑，不仅没赶上人家，反而被拉得更远了。贻误了工业，耽搁了农业，留下一个很大的遗憾。

直到现在，中国仍然是个城市短缺的国家，城市化比率（城镇人口在总人口中的比重）只有30%多，不仅落后于45%的世界平均水平，即使和我们自己的工业化水平相比，也落后20个百分点。这是个畸形的结构，好比一个人，一条腿长，一条腿短，走起路来，必然一跛一拐，气喘吁吁。现在我们不是已经感受到了吗，人均GDP不过1000多美元，就遇上了生产过剩。究其原因，城乡结构失衡难辞其咎。控制城市的发展，阻碍了生产要素的聚集，无形中扼杀了许多商业机会，自然会造成对投资的压抑；短腿的城市化水平，吸纳不了农村多余的劳动力，制约了农业现代化，农民分享不到工业化的好处，又提高不了种地的效益，收入增长慢，消费自然上不去。投资乏力，消费不旺，哪有不过剩的道理。所以，与其说是农业落后，拖了工业的后腿，不如说城市化滞后，影响了农业，连累了工业。

乡镇企业是中国人的一大发明，短短二十多年间，曾创造过 1/3 的 GDP，安置下 1 亿多劳动力，可谓是异军突起，成就辉煌。我们从中受到鼓舞，并一度认为，离开城市，在农村照样可以实现工业化。现在来看，这条路恐怕还是走不通。实践证明，没有城市作依托，乡镇企业要上新台阶，实在是困难多多：交通不便，信息不灵，人文环境、员工素质都跟不上，别说升级换代，就是维持生存，都不大容易。

摆明的事实是，当一些企业做大后，不少都琢磨着要往城里迁。像杉杉、雅戈尔，原本是浙江的牌子，现在都搬到了上海。我有个朋友，搞校办工厂起家，前两年不惜斥巨资迁到北京。一开始，我还笑话他发神经，后来他跟我解释说，企业做到他这份上，小地方根本容不下。单说资金，在北京，只要符合贷款条件，哪怕找一家信用社，贷款三五千万，根本不成问题；可在当地，即使五百万，都告贷无门，因为银行根本拿不出那么多钱。其实，他说的还是城市的资源聚集优势。

现在大家都抱怨农业市场化程度低，农产品的商品化比率只有 30％，担心这种状况，没法与外人竞争。其实，这也是没有办法的事。三个农民，养活一个城里人，商品化比率能高到哪里去？即使农民愿意卖，有多少人愿意买？要是反过来，让一个农民养活三个城里人，情况肯定会大不一样。一来是吃商品粮的人多了，二来是农民的数量少了，土地就可以相对集中，发展规模经营，农业的市场化程度，自然会提高。

所以，从某种意义上说，城镇化就是市场化，激活一个点，能辐射一大片。就像电话局，虽然只是通讯网上的一个结点，但却能覆盖千家万户。要不是通过它，我们能如此方便地与外界沟通吗？城市化正是这个道理，而且西方国家也是沿着这条轨迹兴起的，中国要融入世界，创造新的富足和繁荣，城镇化恐怕是个不二法门。

行文至此，陡然想起年初在云南临沧调研时李国伟书记的话，他说临沧建设新农村，重点是做好三篇文章：落后地区的文章到发达地区做；农业的文章到工业做，农村的文章到城市做。是的，就农村论农村，头痛医头，不可能找到解决中国农村问题的灵丹妙药。出路只一条，加快推进城镇化进程。否则，离开城镇化建设农村，只能是舍本逐末，事倍功半。

统筹城乡三大重点

经中央批准，重庆要作统筹城乡发展的"试验区"。顾名知义，我推测中央有两层意思：一是希望重庆能开动脑筋，放手探索；二是鼓励成功，也容许失误。换言之，中央给了重庆特许权，凡能推动城乡经济一体化的办法，都允许试，成功了总结经验，失误了吸取教训。

这让我想到"经济特区"的例子。当年中央办经济特区，特区特办，中央不光给钱，而且在政策机制上给更大的自主权。很多人以为，深圳等经济特区脱颖而出，靠的是上头给钱。不否认，给钱有作用，但更重要的是有灵活的政策与机制。想想吧，东北老工业基地振兴，国家也拿了钱，可为何难尽人意？归根结底，是旧的机制还没根本改变。

今天重庆要统筹城乡，前无古人，是篇大文章，怎样破题？我的看法，关键也还在机制。7月底与同事到重庆调研，和当地官员交流，身临其境，对统筹城乡的难处有感受。大体讲，棘手问题有三，一是农民要增收，耕地如何集中？二是农民变市民，城镇化如何提速？三是兴镇先兴业，城镇工业化如何起步？

统筹城乡，重点在以城带乡。中央提出"工业反哺农业，城市支持农村"，是方向，不会错，问题是如何落到实处。政府用行政手段，下指标，压任务，短期或许见效，但长期看，硬按牛头强喝水，非长久之计，不可取。可取的法门，是用市场机制实行利益互补、城乡共赢。也唯有如此，统筹城乡方能如鱼得水，事半功倍。

靠市场机制统筹，最重要的一点，是尊重各方利益。经济学讲利益分配，理想状态是帕雷托最优，意思是说，利益分配要达到这样一个状态：若不损害张三，则无以惠及李四。可真实世界里这种状态很少见，退而求次，是帕雷托改进，即增加一部分人利益而无损另一部分人的利益。比如农村家庭联产承包，农民利益因此改进，而城镇居民却毫发不损。

是的，实现帕雷托改进，是统筹城乡的底线。中国农业人口多，城乡差别大，要缩小这种差别，不可限制城镇居民收入；也不能简单地抽肥补瘦。恰恰相反，是要在稳步提高城镇居民收入的同时，大幅提高农民的收入。农民如何增收？经过多年探索，大家的共识是规模经营。现在的问题在于，用什么办法让耕地集中。农民用耕地入股是一法，但入股要共担风险，少数人愿意，多数农民未必肯这么做。

我所想到的，是土地银行。古往今来，中国农民宁可撂荒，不可失土。倘若政府出面办土地银行，接受进城农民的土地存放且提供固定的收益，然后把土地成片地租出去，这样一石二鸟，规模经营自可水到渠成。另一办法，是用社保换责任田。有些农民进城多年，耕地至今不放弃，为什么？原因是他们没社保，有后顾之忧。若政府能提供社保，置换耕地应该不是难事。

农业一旦规模经营，必有大量劳力剩出，而多出的劳力只能向城镇转移，所以由此看，推进城镇化势在必行。说过多次，推进城镇化与建设新农村并行不悖，城镇化不加快，不能吸纳农村剩余劳力，农业规模经营会举步维艰。要研究的是，城镇化不仅要占地，而且要有投入。对西部来说，地的问题还好办，土地整理，或用城镇住房换宅基地，总能想出办法。麻烦在资金，西部财政拮据，没有资金，城镇化无疑是纸上谈兵。

钱很重要，巧妇难为无米之炊。不过换个角度想，政府没钱，难道市场也缺钱？传统观点说，城市基础设施是公共品，要由政府投资。可最近去湖南考察，那里的城镇开发却大量引入民营资金。比如双峰县，近三年县城扩大了一倍，而政府却分文未掏。他们的做法是借鸡下蛋，即先让民营企业垫资在新规划的城区修路，公路贯通后，地价立即飙升。政府所得的土地溢价收入，除了偿付民营企业垫款与利息，还用来投入教育、医疗和社保，一举多得，岂不妙哉！

当然，城镇化不仅是修路盖楼，农民进城后要有事做，那么，工业化就必须跟进。要提点的是，中小城镇发展工业，应立足本地优势，围绕农业搞深加工，切忌好高骛远。造汽车的利润是很诱人，可不是任何城市都能造汽车。其实，从经济学立场看，没有落后的产业，只有落后的技术。农业是传统产业，但袁隆平搞的却是高科技。加工业也如是，若引进新技术，农产品加工也一样前景无限。

发展农产品加工业，关键要有一批龙头企业，这既可依托本地民企，也可去外地招商。但有一条，政府只能帮忙，不要当老板。过去政府办企业有教训，痛定思痛，不应重蹈覆辙。另外，为拓展就业，服务农业，政府还应支持发展服务业，要利用城镇的优势，为农业提供产前、产中、产后服务，帮助农民与市场对接。同时，随着农转非进程加快，职业培训需求大，在起步阶段，政府也应出手扶持，待时机成熟，再交市场运作。

统筹城乡是一项系统工程，头绪多，牵涉面广，政府需通盘谋划。几天前，有重庆的官员打电话来，说他们正在紧锣密鼓地制订方案，希望听听我的意见。思之再三，于是择其要点，把自己的想法写出来。急就章，且系一家之言，现公诸于世，旨在提请社会各界对城乡统筹予以多多关注。

中国今后谁来种地

祖祖辈辈都种地，自己出身农民不可能不关心农业。当下的困难，是政府需要粮食安全；城里人却希望粮价低一些；而种地的农民则指望粮食能卖个好价钱。这三方目标皆有理，但统不起来，令人头痛。问题就摆在这里，解决得好，大家皆大欢喜；否则三方都会输，而且会输得惨。何去何从？看来政府得审慎考量。

我一贯的观点，中国不该缺粮食。18亿亩耕地，人均一亩多地粮食怎会不够吃？今天粮食所以短缺，一是耕地撂荒严重；二是农民广种薄收。而这一切，归根到底又是粮价低。想想吧，一亩地种粮的收入，不计人工，除出成本仅500元左右。背朝日头面向土，十亩地收入才换一部手机，农民怎可能精耕细作呢？我老家历来是鱼米之乡，过去粮食一年种两季，可如今却改种一季，个中原因我不说读者也会明白吧！

是的，中国的粮食安全，背后其实就是个粮价问题。只要粮价够高，农民靠种粮能致富，中国粮食绝无短缺之忧。可粗略算，若粮食亩产能达 700 斤，有 6.3 亿吨粮中国人自给绰绰有余。要是再不够，粮价涨到五元一斤，不要说外国粮食会如潮水般涌来，农民的房前屋后都会种粮你信不信？所以政府要保粮食安全，别无他法，关键是要维持高粮价。粮食多了补贴休耕，让粮食紧供应；而粮食少时则放开价格。

我曾到豫东平原做过调查，那里的农民说，政府给种粮补贴，意图好，但农民不容易得实惠。这边国家发补贴，而那边农药化肥就涨价，此补彼涨，两相抵消农民往往得不偿失。三年前在云南曾与农民座谈，会上有人算账：目前国家给的种粮补贴，直补加综合补贴，满打满算每亩不过百元，而当地粮食亩产千斤，若政府不管价格，一斤粮食涨五毛，一亩地则可增收五百。这是说，农民并不希望补贴而更乐意政府放开价格。

这当然是从农民的立场看。若换个角度，要是政府放任不管，粮价涨了城里低收入者怎么办？何况学界这几年一直有人说中国的通胀是农产品涨价所推动。当然，这说法是错的。前些天我已撰文分析，指出通胀与农产品涨价无关。不去管它，但如何让城里低收入者买得起米倒是个难题。不过想深一层，此事说难也不难，现在国家一年给农民的补贴近八百亿，若政府放开粮价，用这八百亿去补城里人买米，每人补八百元可补一亿人，城里哪有一亿人买不起米呢？

由此看，放开粮价不仅农民可增收；国家有粮食安全；而购粮补贴也让城里低收入者利益无损。一举三得，是多赢，何乐而不为？若再长远看，也是本文要说的重点。这些年，由于种地收益低，农村青壮劳力皆纷纷进城务工，留守的大多是老人孩子。长此以往，中国农业会不会后继无人？并非杞人忧天。去农村看看吧，今天的年轻人还有多少在家务农？难怪前几天农业部总经济师陈萌山先生也发此感慨：中国未来"谁来种地、谁来养猪"！

人无远虑，必有近忧。于是有专家出主意说，解决此问题有三法：一是要从娃娃抓起，在中小学植入农业内容，引导学生对农业的兴趣；二是要对青年农民进行职业培训，培育更多的种田能手；三要是用优惠措施吸引部分进城人员返乡。这三条不能说不对，但隔靴搔痒，不过是治标而已。我们这代人，中小学差不多都应该学过农吧，可长大后谁不想跳"龙门"？而当下的年轻人不务农，也并非缺乏职业培训那样简单，若种地的收入低，即使有培训又怎样？农学院不是也有很多毕业生改行么？

至于吸引进城人员返乡，思路大体对，我赞成。但我认为返乡民工未必能成为未来农业的主力，他们的年龄会越来越大，而且也不懂现代农业。将来农业的主力，恐怕只能是城里那些有资本、懂技术、会管理的人。现在需要我们研究的，是怎样才能把这些人吸引到农村去。不知别人怎么想，有一点我肯定，若无利益驱动，单靠政府号召将于事无补。不仅城里人不会去，就是农民工也不会回去。你想想，搞农业若不如搞工业赚钱，跑去种地岂不是发神经！

别误会，我这样讲并不是要国家拿钱去补贴投资农业。其实，投资农业的收益并不必然比投资工业低。虽然威廉·配第曾说过"从业之利农不如工，工不如商。"但那是三百年前的"小农生产"；若改做现代农业，种地照样是可以大赚的。何谓现代农业？简单地说，一是现代农业科技，二是现代生产方式。显然，农业要现代化，起码的一点就是土地要规模经营。像目前这种状况，人均一亩多地，赚钱当然不会多；若是让一人种五百亩、一千亩，收益就未见得低于投资工业了。

不是什么深奥的理论，事实上，规模经营早已是人们的共识。而跟下来的问题，是土地如何集中？前些年，土地集中难度大，那时政府总担心农民失地。想来也对，土地乃农民立命之本，没有地靠什么生存？然而今非昔比，今天真正的"农民"（以种地为职业）已不多，十年后会更少，如此，若土地承包再不改，日后耕地撂荒会比现在更严重。未雨绸缪，所以推动土地集中刻不容缓。政府眼下要做的，就是赋予农民耕地产权。这样一来不仅有利土地集中，农民也可用"地"入股取得收益。两全其美，岂非善哉！

政府为何热衷征地

前篇文章我写中国今后谁来种地，观点有三：一是政府通过补贴休耕让粮食紧供应，放开粮价；二是推动土地集中，让种粮者能取得规模收益；三是赋予农民耕地产权。这第三点重要，但当时是结合土地集中谈，未做展开。言犹未尽，故这里再作专文讨论，当然不想去空谈产权概念，概念重要但读者未必有兴趣，还是让我从目前广受关注的"征地问题"下笔吧。

勿需讳言，这些年因征地惹出的麻烦实在不少。明显的，农民上访事件现在与日俱增。几年前在南方讲学，我就亲眼目睹农民在省府前静坐，并打出"还我耕地"的大字横幅。曾听信访部门的朋友说，近年农民来京上访，多数也是因耕地被占。这现象看来并非个别，而且政府高层恐怕也清楚。不然温总理前几天在广州讲话不会那么严厉，他强调在耕地上要一寸不放，一口不松，寸土不让。

学界当下有个观点，认为土地征用引发冲突是因为给农民的补偿不足。言下之意，只要给农民多一些补偿冲突便可化解。不否认，补偿不足肯定是诱因之一，也是事实。据人民大学最近的一份调研报告显示，近三年失地农民中，未得补偿的就有 12.7%；有补偿承诺但未兑现的占 9.8%；分期补偿的占 12.8%。这是说，只有 64.7% 的农民拿到一次性补偿，且标准普遍偏低，每亩平均仅 1.87 万元。

是专家调查的数据，真实性不用怀疑。但即便如此，我认为这些数据也只是表象，不是终极原因。若追问一下，为何地方政府征地不给农民足额补偿？数据显然不能给出答案。而我的看法，问题的根子是在"征地"这种制度安排上。所谓征地，说白了，就是政府凭借"权力"便宜地从农民手里拿地。既然是"征"（不是"买"），当然也就谈不上足额补偿了。你想呀，若肯足额补偿，政府直接向农民买地好了，又何必大动干戈去"征地"呢？

是的，至少在理论上，"征地"是不可能给足额补偿的。足额补偿是土地值多少钱就给农民多少钱，那样就是等价交换，是买卖。换言之，要给农民足额补偿，土地就不能由政府单边"征"，而应该让政府去"买"。别误会，不是说土地一概不能征，我的意思是，政府征地必须有严格的限制，按国际惯例，除了公益性用地可以征，其他商业开发，土地一律不能征。否则政府就是与民争利，农民当然有理由要告你。

说起来，政府对征地乐此不疲，其实也是无利不起早。可以想到的：一是追求 GDP，把耕地转搞工业，GDP 会增长更快，有了 GDP 也就有了政绩；二是地方财政收入。农业税免征之后，农业已不再上贡财政，而搞工业呢，地方不仅有税收而且还有大把的土地收入可以进账。据我所知，目前政府从农民手里征地平均每亩补偿不足 2 万，而一转手卖给开发商，每亩动辄数十万甚至上百万。诱惑如此之大，地方政府怎能坐怀不乱呢？

看来，要化解当前的征地冲突，改革征地体制势在必行。至于具体怎么改可以多听意见，而我考虑可从两个层面动刀：第一是政府层面，国家应尽早立法，釜底抽薪，令地方政府从土地转让中彻底退出。明确规定，除了公益性项目，今后商业开发一律不准"征地"，政府只负责做土地规划，谁需要用地就让他去向农民买，政府不再插手。这样让农民自己当家，自主交易，即使吃亏也不会怪政府了。

第二是农民层面。现在有个难题，也是体制上的，就是目前"土地承包制"下农民不具备土地交易的主体资格怎么办？众所周知，土地承包只是给农民经营权而非产权。产权包含着三项权能：即使用权、收益权与转让权。而现在农民的承包权，充其量只是使用权与部分收益权，并无转让权。没有转让权，农民怎可以进行土地交易呢？所以要保护农民利益，让农民成为土地交易主体，国家还得在法律上将"转让权"界定给农民。

关于将"转让权"赋予农民，我曾写过多篇文章：而且成都、枣庄也早有试点，两地我皆去过，农民拍手叫好。而我所看重的，是它能有效地推动土地集中。不是说土地承包就不能集中，承包地也可集中，但那是土地"转包"，由于"转包"有年限限制，转包期内经营主不会去改良土壤，更不会投资水利设施。无恒产者无恒心。这几年我在农村调研时经常听农民抱怨水利设施差。为什么差？说到底就是与承包制有关。

再有一点就是"耕地红线"。温总理说要寸土不让，我衷心拥护。中国乃人口大国，18 亿亩耕地必须守住。可现在的问题是，究竟让谁去守合适？国务院是希望地方政府帮助守，说实话，我觉得那样有点"玄"，未必靠得住。当下耕地强征事件时有发生，民怨沸腾，请问哪一件地方政府脱得了干系？所以让地方政府守耕地，就好比是让老鼠去守油瓶。有自身利益在，谁能保证不会出现监守自盗？

其实，世上守护最有效的财产是私产。只要把耕地产权交给农民，农民一定会守得住。道理简单，一旦农民有了耕地产权，地方政府就不能再强征，否则不仅农民不答应，法律也不会答应。现行政策虽允许耕地占补平衡，但农民的耕地不让征，地方政府拿不到低价土地自然给不了开发商优惠。没有优惠，开发商也就不会像现在这样乱占耕地上项目了。

一招制胜，政府决策层何不早下决心！

城镇化不能盲目造城

时下学界有一说法，称此前三十年中国经济高增长是由工业化推动；而此后三十年将靠城镇化推动。差不多众口一词，似乎没理由可以怀疑。可最近我思来想去，觉得自己还是不甚清楚。我的问题是，工业化与城镇化是不是两个可以截然分开的阶段？若果是，上面的说法能成立；但若不是，这判断恐怕就大有疑问。

工业化与城镇化究竟是何关系？或者说它们是否是前后两个阶段？显然这与人们对城镇化的理解有关。关于"城镇化"，我所看到的解释有三种，简言之：一是化村庄为城镇；二是化农民为市民；三是化务农为务工。应该说，这三种解释都对，也都是城镇化的应有之义。但若刨根究底，问城镇化的核心到底是什么？见仁见智，大家的看法可能各有不同。

先说我的观点。城镇化的核心我认为是转换农民职业，即化务农为务工。离开这一点，任何形式的城镇化皆是舍本逐末。比如化村庄为城镇，其实就是建小城镇。这方面我们曾有过教训，上世纪 90 年代初提出"小城镇"大战略，政府投了四千亿，短短几年小城镇遍地开花，结果呢？全国一万多个小城镇，平均人口仅 3000 多人；而非农人口不及 2000 人。由于农民在城镇无以谋生，久而久之不少小城镇也就成了空城。

所谓化农民为市民，通俗讲就是转户口。户口重要吗？当然重要。目前在中国户口不单是身份象征，也与待遇有关。这些年进城农民工由于无城镇户口，医疗保险、孩子上学等皆诸多不便，所以他们希望转户口。问题是，转户口是否就是城镇化？大约十年前我曾赴西北某市调研，听当地官员说城镇化率达到 51%，我大吃一惊，细问究竟，方知当地人口一半以上转了城镇户口，可 70% 的人还是以种地为生。这样的城镇化岂非掩耳盗铃？

是的，城镇化的关键是转职业而非转户口。换句话说，城镇化要从非农人口的比重看，从事非农人口的比重越高，城镇化率就越高；反之，若农民仍以种地为业，即便百分百转了城镇户口也算不上城镇化。故推进城镇化首要的是城镇能提供就业岗位，能让农民在城里找到工作。问题是怎样才能让农民找到工作？当然只能是发展工业，若工业不发展城镇化就如空中建塔，没有根基迟早也要坍塌。

回顾一下城市发展史，我们或许看得更清楚。早在农耕时代，城市就已出现了。不过那时的城市主要是用于军事防御和举行祭祀仪式，只是消费中心，没有生产功能。真正意义的城市，是 13 世纪工商业发展后地中海沿岸涌现的如米兰、威尼斯、巴黎等商贸中心。而城市化大步提速，则是工业革命之后。机器大工业不仅打败了手工作坊，同时也为失地农民提供了就业。至一战前夕，英、美、德等国家其实已经城市化了。

可见，城市化与工业化是同步的。不信你能举出一个例子，证明世界上有哪个国家绕过工业化实现了城市化；或者有哪个国家绕过城市化而实现了工业化。的确，工业化与城市化就是这样密不可分，是同一硬币的两面而非前后两个阶段。既如此，那么"中国经济前三十年靠工业化推动，而后三十年靠城镇化推动"的说法就不足为信，是拍脑袋想当然。

有人也许会说，工业化与城镇化虽不能截然分开，但可分主次。即前三十年主要靠工业化，后三十年主要靠城镇化。这观点对吗？坦率讲我也不同意。因为这很容易产生误导，会让人们想到中国经济未来主要是靠"造城"。离开了工业化，所谓城镇化实际就是"造城"，盲目"造城"不仅劳民伤财，对拉动经济也于事无补。你想，若无工业化支撑，城镇造起来有啥用？痛定思痛，难道以往的教训还不深刻么？

事实上，中国此前三十年，是工业化与城镇化并驾齐驱同时提速的过程。有数据说，迄今 2.6 亿农民工已在城镇就业。

你想，若没有工业化提速，这么多农民怎可能转得了职业？结论很明显，城镇化不可能离开工业化，何况中国工业化远未完成，目前还只是中期阶段，我们本应心无旁骛一鼓作气才对，可不知为何有人偏要另起炉灶提什么"中国经济靠城镇化推动"的口号，这实在是多此一举！

我不赞成提新口号，当然不是说城镇化不重要。我的观点，是城镇化应以工业化为依托，要水到渠成而不是拔苗助长。当下学界有个现象，很多人喜欢标新立异，做学问求新求异无可厚非，可学术创新应在理论建树上取胜，而非一味地整新名词、新提法。明知工业化与城镇化不可分却硬要说是两个阶段，还以为自己看见了皇帝的新衣。闭门造车，此等学问我看还是不做算了。

工业文明的代价

　　我对"文明"的理解与大家一样，是褒义词。若说某人行为不文明，那一定不是好话，是批评。据专家称，"文明"一词在中国最早出自《易经》，泛指文化涵养；而英文中的文明（Civilization）则源自拉丁文 Civis，直译为城市居民，寓意是指先进的文化状态。若对文明作这样的解释，那么我写"工业文明的代价"是否有点文理不通？

　　是的，读者完全有可能问，文明有代价吗？我的回答当然有。特别是工业文明，不仅有代价而且代价还非常高。今天学界之所以要讨论文明转型，不论出于何原因，归根到底我认为就是因为工业文明的代价已不堪重负，若非如此大家怎会如此重视这个问题呢？至于工业文明为何会有代价我后面谈，这里先从文明转型的一般规律说起。

迄今为止，学界认为人类文明已经历了农耕文明与工业文明两个阶段，目前正向生态文明迈进。当然也有人说农耕文明前还有一个原始文明阶段，不过此点有争议，我不是这方面的专家，且与本文关系不大暂存而不论。而我所关心的，是人类文明为什么会转型，或者说推动农耕文明转向工业文明、工业文明转向生态文明的动力究竟是什么？

研究这个问题，西方学者在分析社会转型时有个视角我认为可借鉴。基本观点是，一个社会哪个阶层拥有最稀缺资源，他们就会成为主导阶级，社会性质也由此而定。比如奴隶社会，由于当时生产力低下，最稀缺的是人手，所以拥有奴隶的奴隶主就成了社会主导。后来随着人口增长，人手不再稀缺而土地变得稀缺，则地主成了统治阶级；再后来发现了新大陆，土地不再稀缺而资本稀缺，于是资本家成为了统治阶级。

当然，用"稀缺"解释社会转型只是一个角度，我们还可从另外的角度（如生产力与生产关系相适应）解释，而且那样也许会更科学。不过即便如此，我则认为用"稀缺"解释文明转型可取。比如封建社会产生农耕文明，原因就是粮食短缺。马尔萨斯当年主张控制人口，理由是粮食增长要比人口增长慢。也正由于粮食短缺，所以封建社会的文化风俗以及各类祭祀活动皆与粮食生产相关，这样就产生了农耕文明。

事实上，马尔萨斯只说对了一半。封建社会前期乃至中后期，人口确实比粮食增长快，但到了末期，由于工具改进与耕作技术进步，温饱基本解决，人们需求层次提升，"奢侈品"就显得稀缺，这样便催生了工业文明。如穿的方面有了缝纫机、尼龙、涤纶；吃的方面有了甜菜糖、罐头、汽水、巧克力；住的方面有了电梯、钢筋混凝土建筑和摩天大楼；行的方面有了汽车、火车、轮船、飞机等。

工业社会的到来，无疑丰富了人类的物质供应，但同时也损坏了生态。相对物质供应来说，好的环境反而稀缺了，今天人们更需要洁净的空气、健康的食品与优美的环境，于是工业文明又开始向生态文明转型。事实的确是这样，就在三十年前，国人还把"烟囱林立"作为文明的标志，可如今显然不同了，媒体时有报道，有地方招商引资由于项目有污染而遭居民抵制。

分析了文明转型，下面再谈工业文明的代价。所谓工业文明的代价，其实就是指对生态环境的损害。众所皆知，工业的载体是企业，工业所以会损害环境，经济学认为根源在企业私人成本与社会成本的分离。举个例，一家造纸的工厂，其私人成本是企业的直接成本（原材料、工资及管理费），而排放废水废气对环境的损害企业不补偿，故称社会成本。问题就在这里，由于社会成本企业不承担，企业自然是不会去顾及环境的。

由此有人可能会问，既然企业损害了环境，社会成本何不让企业承担？是的，环境成本是该由企业承担，可事实上却没让企业承担。何以如此？个中原因我认为有二：一方面，是以往人们对环保的需求并不强，如首钢当年建在北京就足以说明此点；另一方面，工业化初期若社会成本让企业承担，有些产业怕是搞不起来。仍以钢铁为例，若环境成本皆让企业支付，"一五"时期的各大钢厂绝对生存不到今天。

不过这都是以往的事了。今非昔比，随着中国工业化进入到中期，工业文明的代价已越来越高，人们不可能再熟视无睹。当然，不是说今天企业的污染比过去严重，现在企业处理排污的技术要比从前高明得多。我这里所说的代价是从机会成本看，由于今天人们更重视环境，或者说环境已变得更值钱，这样发展工业的机会成本比以前就更高了。

正由于这种环境的压力，所以政府高层多次强调推动工业文明转型，此乃大势，刻不容缓。当下的难题，是我们该怎样做？对此我的观点很明确，总的思路，是设法将社会成本内化为企业（私人）成本。我曾为文说过，社会成本分担实际就是科斯讲的界定产权（排污权）；而产权的界定则以交易费用为依归。说得直白些，社会成本内化不必一刀切，应依交易费用的高低相机抉择。只要把住这原则，具体怎么做我想政府当事人一定比你我清楚吧！

关注"三农"

保护粮价不如支持休耕

政府近年实行粮食生产直补，加上老天爷帮忙，风调雨顺，今年粮食增产铁板钉钉。多产粮食，对城里人当然利好，可这对农民兄弟，却不见得是好消息。想得到的，粮食多了，供大于求，结果必然是卖粮难，粮价下跌，农民增产不增收。

眼下我的担心是，政府为避免谷贱伤农，会再度出手"扶盘"，推出粮食保护价。笔者赞成保护农民利益，然对保护价不敢苟同。此举虽可解农民燃眉之急，但绝非长久之计。可取的法门，应是调节粮食供求。说得直白些，政府与其高价购粮，倒不如拿钱支持部分农民休耕。

站在经济学角度看，粮食作为一种商品，必有一个供求平衡问题。我们通常讲经济规律，这是基本的规律。所谓按经济规律办事，绝不能离开这一点。当然，经济学也承认粮食的特殊性，但这种特殊性，也是在供求平衡的逻辑限度之内才能被承认。为说明此点，不妨引入两个经济学概念，即供给弹性和需求弹性。一般来说，当价格上升（降低）时，供给会增加（减少）。供给增加的比率（减少的比率）除以价格上升（减少）的比率，即为供给弹性。

举个例子，小麦的价格由 1 元 / 斤上升到 2 元 / 斤，产量由 100 万吨上升到了 150 万吨，那么，价格上涨率为 100%，而供给的增长率为 50%，供给弹性即为 0.5。需求弹性的定义方法与之类似。只不过需求与价格是反向变化的，即价格上升，需求减少，反之亦然。把这种反向变化的关系考虑在内，需求弹性就是一个负数。经济学上，如果供给或需求弹性的绝对值小于 1，则称缺乏弹性。大于 1，是富有弹性。而粮食这种商品的特殊性就在于，它的供给和需求都缺乏弹性。

常言说，人是铁，饭是钢，一顿不吃饿得慌。彩电 10 万块钱一台，买不起可以不看，可粮食 10 万块钱一斤，谁都不能不吃。这就是说，人们对粮食的消费受价格因素的影响比较小，它的需求缺乏弹性。在供给方面，粮食生产周期比较长，市场价格再高，也无法立即做出反应。这不像制作衬衣，如果行情看好，工厂加班加点，一晚就能生产一批。农民不是有句谚语吗，白露早，寒露迟，秋风麦子正当时。错过了农时，就只好等来年了。从短期来说，这也是缺乏弹性的一种表现。

把供求结合在一起，就看出农产品的特殊性：如果粮食短缺，必然是粮价暴涨，因为供给没法一下子大量增加，而需求对价格变化又不太敏感，只有粮价高涨，才能把粮食消费压下来，消除供求缺口；价格上升就对生产形成刺激，来年农民可能会增加投资，选用良种，结果带来产量上升，可一旦供给大于需求，粮价又会大幅度下跌，只有这样，才能刺激需求增加，消化掉过剩供给。这就是说，粮食这种商品，完全靠市场调节，往往会造成价格的剧烈波动，暴涨暴跌的过程表现得很夸张，根源就在于它的供给和需求都缺乏弹性。

解决粮价过度波动问题，常用手段有两个，即保护价和粮食储备。实际上，这两种手段常配合使用。当粮食供过于求时，按保护价收购，形成国家储备，以避免粮价暴跌，伤及农民。反之则抛售储备，平抑粮价。这种调控方式，可以在不同的年景之间调节余缺，熨平粮价波动。但从长远来说，它并没有从根本上改变粮食的供求关系，如果农业连年歉收，结果必然是国家无储备可抛，最终还得把粮价完全交给市场。

反过来，如果连年丰收，除非国家将多余的粮食出口，或者干脆倒入大海，否则，它迟早还会流到市场上。说得更现实一点，国家财力是有限的，长期对粮食给予全面保护，政府根本吃不消。发达国家是这样，发展中国家更是这样。大概是过去挨饿的缘故，中国人对粮食看得特别重，重到什么程度呢，就是常从政治角度进行讨论，只强调粮食的特殊性。过去是吃不饱肚子，强调粮食不可或缺当然是对的，算政治账，算经济账，结果都是一致的。可这并不是粮食越多越好，作为一种商品，它也具有一般性，也需要考虑市场平衡。

前些年，粮食连年增产，粮价却一路走低，国家按保护价收购的粮食卖不出去，搞得国有粮食企业和国家财政都很困难。对此，我们不是从供求关系上找原因，而是迁怒于私商粮贩。其实，这违背了经济学常理。粮价下跌，如若要保护农民利益，那么，国家收购的粮食，短期内就不应再卖，而是应该形成储备，让部分粮食暂时退出流通。你想卖出去，还怪粮价起不来，这是什么道理？私商粮贩只是倒卖粮食，根本无力改变供求，自然也就不会影响粮价，你就是把他们统统枪毙，还是于事无补。

回到经济学的逻辑，粮价总归是个市场信号，最终还得由粮食供求决定。因此，政府要让农民种粮卖个好价格，以维护农民种粮积极性、保证国家粮食安全，根本的办法，就是通过休耕来调减耕种面积，缓解供求矛盾。其实，无论从哪方面看，储备粮食都不如储备耕地，粮食属于保鲜产品，储存几年，就会陈化变质；而储备耕地，不仅可节约大量人力物力，而且有利土壤改良，提高土地生产率。其中的道理不复杂，政府决策部门不妨研究研究。

补贴农业不如放开价格

政府补贴农业，我无从反对。粮食安全对国家举足轻重，为鼓励农民种粮，政府提供补贴在情在理。而且我说过，粮食安全是公共产品，政府补贴粮食生产其实是从农民那里买粮食安全。这样看，政府补贴农业不全是惠农，而更多是公平交易。平等买卖，我们怎能反对呢？

我不反对政府补贴，但却认为此法大可商榷。暑期到南方几个省调研，想不到从县上官员到乡下农民，也大多对粮补不以为然。他们说，政府与其补贴种粮，还不如放开粮价。云南丽江一位粮食局长给我算过账，当下政府给农民综合粮补每亩不过 50 元，若粮价放开，每斤涨五毛钱，按亩产千斤算，农民增收则是五百元。

这浅显不过的道理，政府当然会懂。然而令人不解的是，明明放开粮价对农民有利，可政府何不放开粮价而转用补贴呢？不敢以己之心度政府，我想到的理由，是粮食事关国计民生，粮价不管住，政府担心会有人饿肚子。可管住了粮价，谷贱伤农，又势必危及国家粮食安全。不得已，所以政府只好为农民提供补贴。

是的，粮食要靠农民种出来，维护国家粮食安全，归根到底就是要让农民种粮能致富。否则种粮不赚钱，谁也不会多种粮食。30 年前我在湖南乡下种过地，当年稻谷一年种两季，不久前回老家，却发现已统统改种一季。何以如此？想来想去恐怕还是粮价低。种粮不划算，耕地势必要变相撂荒。虽然政府对种粮有补贴，每年 600 亿，可分摊到农民头上却是杯水车薪。种粮富不了，农民自然不肯在土地上下力气。

我理解，政府所以强调粮食安全，无非是说目前国内粮食供应有缺口。经济学逻辑讲，供应不足的商品，价格必上涨；只要粮价不管制，价格会刺激供给，长期看粮食安全不会有问题。可大致匡算，全国每年粮食需求约 1 万亿斤，而现有耕地18 亿亩，若平均亩产 600 斤，也是 1.08 万亿斤。即是说，只要耕地不撂荒；平均亩产不降低，粮食自给则绰绰有余。不过这两点能否做到，最终要看粮价的高低。

有现成的例子。1998 年，国家推行"保护价"收购农民余粮，之后几年粮食产量大增，最高达 1.24 万亿斤；后来粮食多了，仓库装不下，政府取消了保护价，于是粮价走低，粮食也跟着减产，最低只有 8600 亿斤。别误会，我不是要为"保护价"唱赞歌，这里所说的是粮价与粮供的关系。粮价越高，农民种粮的积极性越高；粮食供应越充足，国家的粮食就越安全。

其实，粮食作为商品，价格原本就应随行就市。若粮食过剩，政府坚持高价收购不可取，也不可持续；可取的法门是补贴休耕，只有减少供应，粮价方能稳得住。反过来，若粮食短缺，政府则应放开价格，让价格拉动供给。不然，价格被管制，农民种地无利可图，耕地撂荒粮食也就不安全。我不怀疑政府管制粮价的初衷是想照顾穷人，可结果呢？适得其反，致使粮食出现短缺。

除了以上原因，我主张放开粮价，再一个理由是限制粮价我认为对农民不公平。想想吧，过去粮食多了，粮价下跌农民吃亏；现在粮食少了价格却不让涨，还是农民吃亏，试问天下哪有这种道理？再往深处想，管制粮价，其实是政府让农民补贴市民。粮价上涨，给城里穷人补贴是对的，但大可不必补富人。即使补穷人，那也得由政府补，限制粮价让农民补不合理，而让农民补富人则更不合理。

换个角度，即站在政府的立场，也可以算一笔账。目前国家每年提供的粮食生产补贴 600 亿，如果放开粮价，而将这些钱用于补贴穷人买米，如何呢？至少有一点可肯定，相比给农民的综合粮补，补贴穷人买米的开支要少得多。按财政支出

600 亿算，每人一年补 300 元，则可补两亿人。城市有多少穷人我不知，但不管怎么说，买不起米的总没有一亿吧？就是按一亿补，政府开支也仅是现在的一半。

另要指出的是，粮食安全是我们大家的安全。放开粮价，不过是让大家一起为粮食安全埋单。这种见人有份的事，政府何必一家独揽呢？说到这里，有个误会要澄清，很多人担心放开粮价会引发通胀，其实这看法是错的。举个例，假定全社会只有 200 元，100 元可买 50 斤大米，另 100 元可买一件衬衣。现在大米涨价了，50 斤大米需 120 元，那衬衣必降 20 元。大米涨价而衬衣降价，价格总水平怎会变？如若衬衣价不减，那仅有一个可能，就是人们手里的货币多了。

曾多次说过，通胀只是货币现象，是流动性过剩的结果。而压通胀，也只需收紧银根一招，无需其他。只要控制好流动性，粮价涨物价整体水平不会涨。懂得了这层道理，那么我们就不难明白，用控粮价来防通胀其实是头痛医脚，错开了药方。亡羊补牢，眼前最要紧的是说服政府，政府不点头，这个局面还会拖下去。

粮食供应偏紧说

关于粮食问题我写过多篇文章，这里旧话再提，起因是最近官方称明年将大幅提高粮食最低收购价格。政府用意我清楚，是给农民吃定心丸，让农民放心种粮。中国连续五年粮食增产，估计明年可能供大于求，价格会下跌，为避免谷贱伤农，政府才承诺明年粮食的最低收购价将提高。

实话说，我不赞成政府人为提价。大约半月前，"每日财经"的记者采访我，问提高最低收购价会否推高明年 CPI？我答不会。我的理由简单，如果明年粮食果真过剩，粮价必有下行压力。要知道，最低收购价不是整体粮价，充其量只是保底价。即便政府肯花钱提高保底价，若粮食多了，供大于求，粮价也不会普遍涨上去。只要粮价不普涨，对 CPI 的影响不会太大。

其实，我不赞成提高最低收购价，并非担心推高物价。我的顾虑是，政府这样做会否重蹈前些年粮食流通补贴的覆辙。上世纪90年代后期，中国粮食出现阶段性过剩，不仅粮价下跌，而且卖粮难。为保护农民种粮的积极性，于是政府从1998年起在粮食购销环节上给农民补贴，最核心的一点，就是按保护价收购农民余粮。

顾名思义，所谓保护价，就是保证农民种粮能赚钱的收购价。鉴于当时市场粮价走低，国务院不仅要求保护价要高于市价，而且明令国有粮食部门要按保护价敞开收购粮食，农民种多少收多少。不必怀疑政府的初衷，高价从农民手里买粮食，摆明是要维护粮农的利益。可遗憾的是，推行保护价的结果却事与愿违，农民并未增收，对此政府当初怕是始料未及。

事情是这样。由于粮食过剩，国有粮食部门按高于市价的保护价购进粮食，到后来粮食卖不出去，仓库装不下，压住大笔资金不说，而且出现了亏损。为此粮食企业叫苦不迭，意见反映到上头，当时朱镕基总理回应说："谁叫你粮食企业亏损？按保护价收购，可以顺价销售嘛！把粮食顺价卖出去，一斤粮食赚一分钱粮食部门就可发财呀。"

是的，若能顺价销售，粮食部门与农民可双赢，皆大欢喜。可问题是，农贸市场私人粮商那里粮价低，且随便买，而保护价本来就高于市价，若国有粮店再价外加钱，谁肯上门光顾呢？有鉴于此，于是政府又出新招，打击私人粮商，国家垄断粮源。即是说，私人粮商不得下乡收粮食，只许在城里卖粮食，私人粮商的粮食，只能从国家粮食部门手里买。

理论上看，设想没有错；但有个前提，就是国家要能垄断粮源。若粮源真能控得住，政府当然可以操纵价格。比如市场粮食需求 1 万亿斤，而国家只抛售 9500 亿斤，供应偏紧，加价顺售易过借火。可要害在于，今非昔比，市场经济买卖自由，政府怎好干涉粮商的自由交易呢？再说，私人粮商大多来自农村，与农民联系千丝万缕，政府并无三头六臂，想管也未必管得住。

果不其然，后来事实证明，国家的确垄断不了粮源。粮源管不住，顺价销售只能是空谈。政府力挺了几年，但最后还是不了了之，到 2004 年，国家终于开始实施粮食生产直补。现在回头看，当年从流通环节补贴农民的政策，出发点对，但实际效果不佳。直接的原因，就是粮食多了粮店不肯收，压质压价又使得农民不愿卖。

保护价无果而终，应说是前车之鉴。然令人费解的是，事隔几年政府今天为何又旧调重弹呢？我想到的原因，是政府面临两难：一方面，中国是人口大国，吃饭的事大，必须鼓励农民种粮食；另一方面，农民粮食种多了，粮食供大于求价格下跌，会挫伤农民种粮的积极性。怎么办？无奈之下，于是政府只好提高最低收购价格。

我要问的是，除了"保护价"，难道维护粮农利益就别无他法？非也！经济学说，供求决定价格，供大于求价格下跌，是规律，违背不得也违背不了。既如此，可粮食过剩而政府怎可提高价格呢？不错，政府可把多余粮食高价购作储备，可储备总有限度，何况粮食是保鲜品，两三年就变质，储备过多最终也是浪费。

曾说过多次，也是我一贯的主张：政府与其提高粮食保底价，倒不如补贴农民休耕。有计划休耕可减少粮供，供应偏紧粮价自不会下跌。再往深想，对国家粮食安全而言，储粮其实不如储地。只要耕地在，有生产能力，日后一旦粮食短缺，三个月就可把粮食种出来。由此看，适度储粮必要，但不是越多越好。若现有耕地不减，储备够半年之需足矣。

顺便申明，主张休耕非本人首创，也非异想天开。上世纪末中国粮食过剩，政府就曾鼓励退耕。而休耕制度，西方国家早有；我刚从韩国考察回国，据说韩国推行新村运动之初，政府也搞过"保护价收购"，但不久就转为休耕。9月下旬温总理来中央党校演讲时提出中国粮食供求要紧平衡，言下之意，我理解就是通过休耕稳定粮价。

最后再说一句：维护粮农利益与粮食安全，政府只需用两招：粮食少了放开粮价，让财政拿钱补贴低收入者吃饭；相反，粮食多了政府则补贴休耕。只要粮价稳定，种粮有利可图，手里有18亿亩耕地，何愁中国粮食不能自足呢！

从供求看农业补贴

从小长在农村，又研究经济学十多年，最近忽然觉得自己对农业问题知之不多。有些事看似明白，但若深究起来却不容易想得透彻。比如补贴农业，政府这样做的理由到底是什么？思前想后，于今才理出一点头绪来。

不是说这个问题有多么尖端，也不是没有人研究过。恰恰相反，是因为问题浅，人们往往不从复杂的层面考虑。我读过一些学者的文章，说到补贴农业的原因，都认为农业是弱质产业，比较收益低。可我的疑问是，为何农业会弱质？是因为它与自然风险有关吗？世上与自然风险有涉的行业多的是，井下采矿，海上捕鱼，都有天灾人祸，为什么偏偏只说农业弱质呢？

其实，存在风险的行业，比较收益也未必一定就低。可以观察到的是，生产鞭炮的风险肯定大于农业，一旦出险，不仅要破财，而且还会赔进人命。可人们为何还要铤而走险，不去转投其他风险小的行业呢？经济学的答案，一定是鞭炮生产比他所能从事的其他行业更赚钱。是的，风险与收益之间，并无必然联系。在某些情况下，风险大，收益也高，不然，就解释不了某些高风险的行业，为何还有人跃跃欲试，乐此不疲。

理论上讲，有自然风险的产业未必弱质，比较收益也不一定低。可事实却是，全世界农业的收益，通常都要低于工业。早在 17 世纪，古典经济学家威廉·配第就发现："工业的收益要比农业多很多。"亚当·斯密也说，他看见经常有人白手起家，以小小的资本，经营制造业或商业数十年便成为一个富翁。然而，用少量资本经营农业而发财的事例却十分罕见。我们距斯密的时代已有 200 多年，日月更替，沧桑巨变，可农业的比较收益低，至今仍没有大的改观。

但凡尊重科学的人，都不会否认农业比较收益低的事实。但我想追问的是，究竟是何原因造成了今天这种局面？不是我要刨根问底，实在是因为此问题重要。它不仅事关政府补贴农业的性质，而且牵扯农民的切身利益。比如，如果我们认定农业比较收益低是由于农业有自然风险，那么，补贴农业就是政府的善举，是政府对农业的扶持，政府既可以多补，也可以少补；假如说，农业比较收益低是另有原因，而且还与政府相干，那么补贴农业就不是政府对农民的照顾，而是政府义不容辞的责任。

先说我的观点。农业比较收益低，我认为绝不是由于农业弱质，没有证据证明，农业天然就是弱质产业。首先，从历史上看，农业曾长期是国民经济的支柱。19世纪前，地球上90%的人口，从事的都是农业；而且近1000年来，农业供养的人口已差不多翻了30倍。其次，从生产率方面看，农业生产率也不见得低于工业。在很多国家，农业生产率反而比工业高。以法国和德国为例，1965年到1995年的30年间，农业生产率年增长分别为5.2%和5.1%，而同期工业生产率年增长仅3.6%和4.0%。

问题的焦点在于，农业既然不是弱质产业，农业生产率也不低于工业，可为何农业的收益会低于工业呢？理解这个问题，必须对生产率与收益概念懂得通透。生产率，意指单位时间的产量，而收益，则是指产量与价格的乘积。生产率提高，产量增加，若是价格不变，收益定是增加。若是产量增加而价格下降，收益则不一定增加，甚至可能下降。对生产率与收益之间的这种变动，若从个量与总量两个角度去分析，会看得更加清楚。

从个量角度看，假定某农户生产率提高，粮食比上年增产200斤。单个农户增产，自然不会影响到市价，故今年的粮价仍会同于往年，假定还是8毛1斤，那么可以断定，该农户今年要增收160元。但若是从总量角度看，推理也就跟着变了。

比如，假定农业生产率全面提高，粮食整体增产 30%，那么，今年的粮食可能会供大于求，粮价会下跌。若跌幅超过 30%，农业的收益率反而要下降。可见，农民增产不增收，问题是出在产量增加后会使价格往相反的方向变化。

是的，农产品的价格，由农产品的供求决定。而农业的收益率，则主要取决于价格。由此推理，提高农业的比较收益，必先提高农产品价格；要提高价格，就必须减少农产品供应。否则农产品不减少，价格上不去，农业的收益率就永远不及工业。从政策角度看，此推理的含义是：要帮助农民增收，政府就应网开一面，允许农业要素转向工业。设想一下，假如政府不设限，农业劳动力与土地都能自由地转用于工业，那么工业品供应增加，价格必会下落；而农产品供给减少，必会拉动价格上涨。如此一降一涨，农业与工业收益最终一定会达到均衡。

可见，农业的比较收益低，并非农业有自然风险，而是政府限制了农业要素的流动。世上所有实行耕地保护的国家，农业比较收益都低，就是这个道理。不过我这样讲，并不是反对政府保护耕地，耕地关系粮食安全，保护耕地无可厚非。而且，就连欧美、日本等经济非常发达的国家，对耕地用途也有严格管制，何况中国是一个人口大国呢？我要说的是，政府为了粮食安全保护耕地，却限制了农业收益的提高，所以政府补贴农业，就不可看作是政府对农业的政策倾斜，实质是政府花钱向农民购买粮食安全。

再往下推，有三点结论恐怕是对的：第一，农业比较收益低是事实，但不能据此就说农业是弱质产业；政府补贴农业的理由，并不是农业有自然风险。第二，提高农业比较收益，必须放开农村要素市场；政府若考虑粮食安全而限制要素流动，那么就得给农业予以补贴。第三，补贴农业不是政府的单向支出，而是一种互利的交换。既然是交换，补多补少就不可全由政府说了算，应该和农民商量着定。不然，有钱多补，没钱少补或者不补，就算不上是公平的交换了。

给农民发购物券如何

上半年的经济数据已公布，GDP 增长 7.1%，实话说，我对这数字不意外，闻之不惊。四月中旬应邀在华侨大学演讲，当时我就说今年"保八"不成问题；后来又在报纸撰文，明确说担心不能"保八"是杞人忧天。并非本人能掐会算，所以敢下此判断，完全是基于对现行体制的认识：数字出政绩，政绩出干部，只要上头考核干部看数字，这样势必驱动各地 GDP 比赛，而地区间相互攀比，GDP 怎会上不去呢？

手头没有各省的 GDP 数据，不过就我所知，上半年除了山西是负增长，其他省份皆可观，增速约在 10%左右。西部地区更高，前几天在党校学习的陕西的一位市长告诉我，陕西是 13%；内蒙古为 14%，这样看，今年全国"保八"绝不在话下。其实何止是百分之八？我估计，年底国务院还得将数字往下压。

10 年前，中央也曾提出"保八"，结果各地汇总为 14%，后来反复压水分，对外公布 9%。今年年底会公布多少不好说，但肯定不会低于 8%。若读者不信，我愿赌半年工资！

用不着讲复杂的道理。同一天国家统计局公布的数据说，今年上半年固定资产投资达到 91321 亿元，同比增长 33.5%。截至 6 月末，广义货币供应（M_2）余额 56.9 万亿元，同比增长 28.5%；而金融机构贷款余额 37.7 万亿元，比年初增加 7.4 万亿元。这样多的钱投下去，必拉动 GDP 增长无疑。而且按照弗里德曼的理论，从增加投资到产能变化大约有半年的时滞，那么据此推，8 月起经济将全面回暖，下半年 GDP 增长会更快。

当然，我说今年 GDP"保八"没问题，并不是说我们就可高枕无忧。众所周知，这次经济快速恢复靠的是大规模投资，当下的问题是，中央提出"保增长、保就业"，现在增长是有了，可就业呢？我个人感觉并不乐观。据估计，目前至少有近 4000 万人待业找不到岗位。所以如此，追根到底还是消费滞后。想想吧，投资孤军突出而消费跟不上，产品压库卖不去，前景不妙谁敢招兵买马？企业不进人，就业压力当然会越来越大。

另一层原因，可从投资方向看，此番大规模投资，重点无疑是放在了政府工程，财政资金不必说，有消息称，上半年银行新增贷款 7.5 万亿，其中 90% 以上也用于基础设施或大型国企。我曾多次参观过路桥建设工地，机械化施工程度之高令人瞠目，据说一台推土机 7 秒钟所挖的土方就相当 10 个劳力 1 小时的工作量。如此一来，政府工程虽然占用了巨额投资，但由于机械替代人手，它所创造的就业并不多。

于是这就带来一个问题：一方面，中小企业吸纳就业多，可当下产能过剩，再投资扩产会火上加油；另一方面，政府可投基础设施，但基础设施吸纳劳力少，对就业意义不大。两难选择，怎么办？最近参加几个经济分析会，我与多数专家的意见是促消费，且重点是农民的消费。很明显，中国有八亿农村人口，消费潜力大，每人花 1000 元就是 8000 亿。只要消费增长，带动投资就业也会增加。可难题是农民收入低，无钱可花，农民怎能放手消费？

前几天湖南大汉集团董事长傅胜龙先生来京，与我谈到农民收入他大发感慨。大汉集团这些年致力于小城镇开发，对新农村建设居功至伟。我曾与同事赴湖南考察过他们开发的几个城镇，应该说，从规划到建设皆无可挑剔，可现在傅先生却遇到了麻烦，房子建好了没人买，不是农民不想买，也非价格高，每平千元怎会高？可就是这个价格农民还是买不起。傅先生说，作为开发商实在无价可降，农民手里没钱，公司也爱莫能助。

政府当然知道农民缺钱，为鼓励农民消费，也曾多次尝试给农民补贴。最近的例子是家电下乡。给农民补贴是好事，我举双手赞成。但我想说的是，政府这次补贴家电未必是明智之举。表面看，农民好像是补贴的受益者，其实是政府为企业搞推销。而且政府补家电对别的行业也不公平。为什么一定是补家电？也许有的农民更需要买服装，为何不给服装补贴？大家都是纳税人，政府厚此薄彼服装商会怎么想？

我的看法，既然政府有意提供补贴，那么就不如直接给农民发购物券。相对定向补家电，发购物券至少有两大好处：第一，可充分尊重农民的自主选购权。众口难调，一个人需要什么只有自己最清楚，同是农民，张三需要家电也许李四并不需要，若政府只补买家电，对李四岂不是强人所难？第二，有利企业调结构。企业生产什么或生产多少，一定是看需求，按需定产。可若政府定向给补贴，需求就可能被扭曲，如此一来，企业调结构势必南辕北辙。

我主张给农民发购物券，不仅仅是为扩需，也是给农民还账。不过这里有个问题我拿不准，即应给农民多少补贴？前不久与广西金融办主任赵德明先生小聚，他的建议是给每个农民一万元，其中5000元建社保；另5000元发购物券。人均一万元可行吗？不能拍脑袋，关键得看财政能否承受。那天听赵先生算过账，我也觉得靠谱。不过我们在局外，又人微言轻，到底怎么补还是听政府的吧。

让供求做主

普洱茶的供求分析

对普洱茶早有耳闻。去年云南马帮进京，轰动华夏，一饼茶竟拍出 160 万的天价。普洱茶从此声名大振，省内外投资者趋之若鹜。有企业家放言：云南曾靠一片烟叶打造了一个产业；一片花叶也成就了一个产业。现在他们要用一片茶叶，再为云南撑起一个新产业。

企业家实业报国，可敬可叹。可我更愿意相信，他们看中的是普洱茶的商机。投资者要赚钱，天经地义，我们不说也罢。这里要讨论的，是普洱茶到底能否撑起一个产业？以经济学眼光看，一个产业形成，除了有资金投入、技术支持外，更重要的是产品必须有稳定的需求。粮食所以成为一个产业，是因为人要吃饭，民以食为天。烟草能成为一个产业，是因为我等烟民爱不释手，陋习难改。普洱茶不同，既非人之必需，且替代产品甚多。

经济学博大精深，千变万化。但九九归一，其基本的套路永远是供求分析。从供给方面看，普洱茶要撑起一个产业，得首先让生产者赚钱。若是赔本赚吆喝，愿种茶的人肯定不多。普洱茶历史悠久，为何至今却不成气候？其价低利薄怕是重要原因。据说前几年在云南，一斤鲜叶就几毛钱，茶农无利可图，致使近年茶地锐减，茶业萎缩。

是的，要扩大茶叶生产，必须提高茶的价格。可从需求方面看，茶价上涨，需求则会下降。这样矛盾就来了：提价虽可刺激生产，但却会减少市场需求。若产品没有需求，生产再多也只能库存积压。古往今来，我们还未见有哪种产品滞销，行业却发展很红火的。想当年，的确良布火过，可现在市场上不见踪影；桐油纸伞也火过，如今也销声匿迹。为什么？原因只一个，市场没有了需求。

事情很清楚，普洱茶要撑起一个产业，有一个关键条件，即茶价上涨而需求也升。可这在理论层面，似乎是个悖论。经济学的需求定律说，某商品价格上涨，则需求下降；价格下跌，则需求上升。既是如此，我们怎可能让茶价上涨而同时让需求也上升呢？这岂不是要颠覆需求定律？

其实，价格上升需求也升的例子，现实生活中俯拾即是。下雨天，雨伞的价格上升，需求也升；春运期间火车票价升，需求也升。这些现象，并未违背需求定律。要知道，需求定律是讲在假定影响需求的其他因素不变的前提下，价格变动才会令需求反向变动。说得再明白些，需求定律，是从卖方立场看价格对需求的影响；若是倒转过来从买方立场看，需求对价格的影响则是同向的，需求越大，价格越高。

这个转换重要。可引出的政策含义是，要做大普洱茶产业，应先开发需求，通过放大需求，拉动价格上涨。明白了此点，那么重点就归结到开发需求上。我说过，需求定律成立，有一个重要前提，即假定影响需求的其他因素不变，具体说就是消费者收入不变；偏好不变；产品不变。反之，只要这三个因素变，需求定当改变。开发需求，就是要做好这三篇文章。

且让我分点来说：第一，关于收入。收入改变需求，此点确信无疑。20年前我初到北京，有私车的家庭寥寥无几，尤其如我辈教书先生，买私车无异痴人说梦。可后来随着收入提高，今天师友同事中，不少也成有车一族。再说喝茶。留心观察低收入者，为何大多没有饮茶习惯？答案是收入低，没人肯饿着肚子去品茶。而高收入者不然，龙井铁观音，价格过千却也照饮不误。

第二，关于偏好。偏好改变需求，例子很多。从前在乡下，鳝鱼泥鳅我一概不吃，进城后，听说那是高蛋白，有营养，如今也成了盘中美食。湘菜是更好的例子，10多年前，北京人吃辣者万中无一，而近年湘菜大举北上，气势如虹，几年工夫，湘菜馆星罗棋布，喜欢湘菜的食客也与日俱增。可见，人们的偏好可以引导；而强化偏好，则可扩大需求。

第三，关于产品。产品变化含两方面：一是品牌变；二是功能变。西部某厂生产洗衣机原本滞销多年，几年前，经海尔兼并提升，换品牌后立马热销全国。至于功能变化拉动需求，大家熟悉的当属手机。起初，手机只是用来打电话，可后来照相、上网、录音等功能不断地添加，消费者一路追赶，结果是，手机销量直线上升，生产厂家日进斗金、财源滚滚。

回头再说普洱茶。开发普洱茶需求，无外是在上面三方面动脑筋。去年马帮进京，声势大造，为的是引导人们的偏好。但要清醒的是，造势只能得手一时，不会成功一世。持续稳定的需求增长，还得靠提高收入、改进产品。据说，普洱茶有降血脂的功效，若此言不虚，则普洱茶生正逢时。问题是，你得尽早拿出权威机构的证明来，不然，消费者怎么信你？

返券销售的秘密

　　我不信世上真有让利销售这回事。返券销售近年在各地悄然兴起，很多人以为，那是商家在给消费者让利。其实醉翁之意不在酒。返券销售不过是市场的促销手法。自古道，卖家总比买家精。若是能赚到的利润，卖家怎会拱手让人呢？

　　早期促销的例子，是商品打折。标价 1000 元的衬衣，折价 700 元卖给你，于是商家就说给你让利了 300 元。猛一听似乎在理，但经济学却并不这样看。马歇尔讲，商品的市价，并不是卖家说了算，而是买卖双方共同定。比如卖方标价 1000 元，若买方不接受，只肯出 500 元，那么 1000 元就不是市价，经讨价还价，最后双方约定按 700 元成交。这 700 元才是市价。商家按市价售出商品，怎么能说是给消费者让利呢？

　　把想赚而赚不着的钱说成让利，是卖方的障眼法。是的，高位标价，低价售出，既可招徕顾客，而自己却毫厘不损，这恰恰是商家的精明之处。本来，作为营销策略，只要你情我愿，旁人不必说三道四。但问题是，若我们不揭开"打折"的面纱，就难以发现返券销售背后的秘密。

说打折不是让利，下面的情形要重点解释。

第一种：一物二价。同一牌子的衬衣，在燕莎卖1000元，而在奥特莱斯卖500元，那么后者算不算让利？笔者的看法，尽管一物二价，但贱卖不是让利。为什么？因为从卖方的角度看，利润乃销售收入扣除成本的剩余。就是说，商品只有卖出去赚了钱才有利润，在奥特莱斯，一件衬衣不卖1000元，那肯定有不卖1000元的道理。或是款式过时，或是商品单件消费者不能挑选。总之，是1000元卖不出。试问，商品卖不出，何来利润可让？

第二种：清仓甩卖。表面上，甩卖价通常低于市价，因此很容易被看作是商家让利。但实际上，甩卖也不是让利。清仓甩卖，目的是清仓。经济学讲成本，指的是放弃某种选择的最高代价。卖家选择清仓，必是不清仓的成本更高。举例说，某商铺若不清仓，继续经营可收益1万元，这1万元就是清仓的机会成本；反之，若清仓回笼的资金转作他用可收益2万元，这2万元便是不清仓的机会成本。故从机会成本方面看，清仓甩卖不仅不是让利，正相反，它是商家的逐利行为。

第三种：预订打折。典型的例子是机票预订。预订机票打折，好像是航空公司让了利，但若去问公司经理，预订为何打折？答案是提高飞机上客率。是的，机票定价，是不必考虑沉没成本的。比如花 3 亿元买飞机，由于飞机不能转作他用，而且航班固定，无论票卖多少都得飞，故这 3 亿元便成了沉没成本。经济学说，沉没成本不是成本。机票折价只要不低过经营成本（机组人员工资与燃油、食品饮料等费用），航空公司就是赚的。不然票卖不出，那才是真正的损失。由此看，机票打折也不是让利。

与价格打折不同，商家还有一种促销方式，就是价格不折而奉送礼品。早几年，政府不允许机票打折，航空公司于是别出心裁，搞出了送礼的新花样。你买一张千元以上的机票，就送你一件 300 元的 T 恤。后来别的商家也仿而效之，或买十送一，或买若干送若干。聚眼看，这似乎是让消费者得了便宜，但往深处想，送礼与打折本质上是一回事。不过后者是明折，前者是暗折。已说过了，打折不是让利，送礼品当然也不是让利。

明白了上面的道理，让我们回头再看返券销售。所谓返券销售，说白了是送礼销售的衍生形式。过去你买复印机，商家则另送收音机给你。现在不同了，商家不再送收音机，而是返给你相当金额的购物券。别看这个小的改变，不仅方便了顾客，而且对卖家也有利。比如你想买复印机，但却不需要收音机，那么你不会到送收音机的那家店里购买。改返购物券后，消费者则不必挑选商家，而商家也不会失掉顾客。

的确，购物券作为内部"货币"，其流通性要优于礼品。但若仅作这样的解释，说返券销售只是为了买卖两便，恐怕还缺乏说服力。明显的疑点是，既然返券比送礼更方便顾客，那么价格打折不是更便捷吗？商家为何不直接打折呢？也许有人说，那是商家为了捆绑销售，笔者不排除这种可能。但应追问的是，为何有些消费者也不去选择打折而更乐意返券呢？

笔者的看法，某些消费者乐意返券，要害在返券销售不折价。还是举买复印机的例子。假如有两家商店，一家标价每台3000元，可以折价2000元出售；而另一家也标价3000元，不折价但可返1000元购物券，你认为消费者会做何种选择？我留心观察过，选择打折的基本是自购，选择返券的大多是团购。是为何故？道理很简单，因为团购花的是公款，只要按原价开发票，拿回去可以报销；而返券归自己，经办人当然选择返券。

本文的结论是：第一，无论何种方式的价格打折，都是在供过于求的条件下，卖方价格向市场均价的回归，故打折不是让利；第二，返券销售是在价格不明折的情况下，卖方给予消费者的暗折，故返券与折价一样，也不是商家让利；第三，商家返给消费者的购物券，最终都得由消费者付账。不同的是，自购消费由个人掏钱，而团购消费则由公家买单。

关键在引导预期

　　股市的事不好说，无论说涨说跌，都可能挨骂，是自讨苦吃。所以我历来对股市冷眼观潮，只看不说。最近与朋友聚会，大家谈得最多的还是当下的股市，而几家新闻媒体也希望我对股市发言。恭敬不如从命，在这里说点看法，不过得迂回一下，让我先从理论方面下笔。

　　经济学说，股票的价格由两个因素定，一是每股的红利；二是银行存款利率。每股红利除以存款利率，则是股票的市价。举个例，某只股票的年红利是 1 元，而银行存款年利率是 5%，那么该股的市价就是 20 元。有两个要点：第一，股票的市价与票面价无关，票面价代表的是净资产，至于每股净资产在市场能卖多少钱，则取决它的盈利能力。

　　另一个要点，投资股票与银行存款收益相同。还是上面的例子，假如你手里有 20 元，可以买一只股票，将来每年可得红利 1 元；而如果将这 20 元存入银行，每年也可收利息 1 元。由此看，做股票投资与银行存款没有大的分别。人们手里有钱作何种选择，就看每个人的偏好。

要解释的是，买股与存钱收益无异，那为何今天中国的股民会越来越多？据说目前股市的开户数，已过 9000 万。我知道的，近来亲戚朋友中，也有不少人把存款转入了股市。是投资股市的收益高过储蓄吗？非也！至少理论上得不到支持。真正的原因，则是股逢牛市，人们整体预期向好。

是的，将钱存入银行，只要利率不变，银行不破产，年收益掐指可算；可买股不同，股票收益是预期收益，当人们买进股票时，由于信息不充分，将来的真实收益是多少并不肯定，于是，这就带动了市场投机。说过了，股票代表的是资产，经济学家费雪说，资产价格是预期收入的贴现。换言之，人们对股票收益的预期决定了股价的高低。

比如，若有人认为，今后电力会短缺，那么电价上涨，电力公司的预期盈利会增加，只要多数人这么看，电力公司的股票一定会涨。而且，股市是"人来疯"，只要大家追涨，需求拉动，股价就会持续地涨。反之，若有消息说，下月将有一批新电厂点火发电，电力可能过剩，于是，电价下降，人们对电力公司的收益预期就会改变，股价立马会跌。

懂得这个道理，就不难理解股市的涨落。去年年初以来，上证指数从 1000 多点涨破 4000 点，翻了三倍，牛气冲天。受其影响，大家对股市预期自然要乐观。本来，逐利是人的天性，股民入市多数并不是长期投资，而是短期套利，要是身边有人赚了钱，对你现身说法，你能无动于衷？我看到的数据，今年新入市的资金，就有 6000 多亿。大规模资金涌入，股市哪有不涨的道理！

问题是，股市上涨的势头，能持续到什么时候？年前就有专家说，国内股市过热，叫股民当心风险。可年后股市一路上攻，专家大跌眼镜。上月央行调高存款准备金，又有学者预测，这回股市必掉头，可五一节后，大盘却高开高走，不见下挫的迹象。是专家学者危言耸听吗？不见得。那么我们的股市到底发生了什么事？

可以肯定，现在的股市有泡沫。不用复杂推理，判断不会错。上文指出，股价由每股红利与银行利率定。股价水平，与上市公司业绩成正比，与银行利率成反比。假定利率不变，股价上扬，得有公司业绩支撑。否则，那一定是无源之水，泡沫无疑矣。有数据说，去年 A 股企业平均盈利增长 42.27%，而同期股指却翻了两倍多，请问，脱离业绩虚涨，不是泡沫是什么？

专家分析没有错。奇怪的是，明知股市有泡沫，可广大股民为何还义无反顾？难道不怕赔钱不成？绝对不是。我的看法，是股民关注的重点不同于专家。专家看重公司业绩，而股民做短线，低买高卖，只要明天可能涨，今天就不会罢手。何况有人估计，上证指数能破 5000 点。要是大家都这么看，没人退场，股市当然要涨。

由此看，股市的走向，关键在股民对未来的预期。企业业绩会影响预期，但重要的还是政策面。最近有经济学家撰文，建议政府大幅提高利率，打压股市。我也希望股民多些冷静，但不赞成政府出重手。事实上，央行已多次加息，近一月，存款准备金就连调两次，即便再提利率，散户未必会理睬，而利率大幅提高后，资金成本陡升，工商企业吃不消，会影响对外竞争力。

更大的麻烦，是货币政策有滞后性。经验说，政策变动到产生效果，大约要滞后一年到一年半，因此政府为调控股市，很容易矫枉过正，要是处置过当，药猛伤身导致经济萧条，后果就更不好收拾。不是没有教训，以往经济大起大落，货币政策频繁变动怕是难辞其咎。

消除股市泡沫，我的观点，政府不必直接打压，所要做的是严格市场监管，彻查违规入市的资金；同时，利用官方媒体和各种途径，普及风险教育，引导股民预期。只要预期理性些，股市自不会发神经。其实，天下没人愿赔钱，要真是看到了风险，股民怎会恋战而不见好就收？

当前的局面是散户持股，机构空仓，散户逼空机构，不少机构正伺机补仓。政府现在打压股市，得利的必是机构，吃亏的是散户。若以散户利益为重，那么政府明智的做法，就是静观其变而不轻易出手。

新书打折又如何

价格问题似浅实深，写过多篇文章，本来不想在这话题上再费笔墨，可前几天读报看到一则新闻，说中国出版工作者协会、中国书刊发行业协会、中国新华书店协会三家联手推出《图书公平交易规则》。引人注意的有两点，一是新书销售一年内不得打折；二是网上卖书折扣不得超过八五折。莫名其妙，要不是亲眼所见，我不会相信天下真有这等荒唐的事。

在我的印象中，政府管制价格上涨的事以往经常有，肉价管过，粮价也管过，而且今天的电价还在管。可政府不让降价的事却少见，不是完全没有，但不多。我知道的例子，是前些年民航总局曾推出过禁折令，规定各航空公司机票不准打折。此令一出，航空公司当然不敢违抗，不过机票虽不打折，但你买机票时航空公司会送你价值相当的礼品，如此一来，明折改暗折，于是禁折令实际上也就形同虚设。

很显然，今天的新书限折与当年的机票禁折异曲同工，是一回事。而且据我所知，早先机票禁折是为了保护亏损的航空企业，可现在新书限折又为何故呢？打电话问过几位在出版社做编辑的朋友，没想到他们也大惑不解。最近媒体很热闹，说好说坏的都有。但归纳起来，主张新书限折的理由不外是：1.图书是物化的精神商品，有明码标价大家就得遵守；2.当下国内图书市场很混乱，新书不限折会加剧无序竞争。

查阅过网上的评论，有读者批评一针见血，说得实在好。本人当然也不同意上述理由，不过我是从价格原理方面看。经济学说，价格是反映市场稀缺度的信号，价格高低得由供求决定。这是说，厂商按成本加利润定价只是卖价而非市价，若买方不接受，商品卖不出就只能束之高阁；同理，买方愿出的价格也非市价，若卖方不认同你也买不到，所以市价要买卖双方定。这是价格理论的常识，稍通经济学的朋友应该耳熟能详吧！

明白了这层道理，我们再来看图书定价。不用说，目前标注在封底的定价，是出版社的卖方价（成本加成价），尽管出版社定价时会考虑读者的承受力，但这绝非真正的市价。从经济学角度看，市价包含成本，但不直接决定于成本。比如人们花数百万买一幅古人字画，不是因为字画成本高，而是物以稀为贵。另一个大家熟悉的例子是月饼，中秋节前一盒月饼卖500元，可中秋节一过，价格立即大跌，这也并非生产月饼的成本低了，而是月饼的需求少了。生活中类似的例子很多，说明市价的确不完全取决于成本。

有人说，图书是特殊商品，一般商品厂家只确定出厂价，零售时经销商可自由加价；而图书不同，出版社直接规定零售价，并将其印在书底公告天下，使经销商无法再加价出售。猛然听，两者似乎真有不同，但仔细想其实没有实质差别。首先，一般商品零售经销商是可加价，但市价要由买卖双方定，消费者不蠢，怎会听任经销商自由加价呢？其次，从图书定价看，图书定价是出版社制定的最高价，这样经销商当然不好加价，否则消费者不买，加价也是白加。

是的，说图书是精神商品是对的，我同意，但我却不明白这与新书不准打折有何关联？精神商品也是商品，有哪家经济学说过精神商品的价格不能打折呢？事实上，"三协会"也不是主张完全禁折，而是新书一年内不得打折。这就奇怪了，既然一年后可打折，为何一年内就不可以？俗语说，卖家总比买家精。若高价有人买，卖家就断不会打折；之所以会打折，那一定是不好卖。卖不出去还不准打折，这是何道理？难道非要等蚀本亏尽才可打折不成？

另有一种怪论，说不准打折的原因是目前图书市场太混乱。本人愚钝，思来想去也不知论者所说的"混乱"所指何物，是销售渠道太多还是书价打折？倘指前者，即多渠道经销就是

"混乱"，那么"混乱"的岂止图书市场？想想吧，当下国内还有多少商品是独家经销的呢？若多家经销就是混乱，国内市场岂不一片混乱？若指后者，是因为打折引发了市场混乱，这纯属信口雌黄、混淆视听。假如你去买汽车，经销商标价 20 万，讨价还价后 18 万（按九折）卖给你，你会认为市场混乱吗？绝对不会！

由此可见，说图书是特殊商品不能打折的理由不成立；而打折会引发市场混乱的说法也不可信。不过最近还有一种观点，说新书不限折出版社会抬高定价，这样对消费者更不利。比如现在 20 元你可买一本书，若出版社抬高定价为 50 元，即使打对折你也得花 25 元。是这样吗？当然不是。说过了，图书市价并不由出版社说了算，它同时要受需求约束。如果书价过高，打对折消费者也不买，结果只一个，那就是正版书无人买而盗版书大行其道，请问出版社怎会做这种傻事呢？

我反复想过，新书限折的受益者不是读者，不是出版社，甚至也不是所有经销商。出版社将书按一定折扣卖给经销商，之后经销商怎么卖无关出版社利害，它没必要反对打折。而网络经销商与私人书店在商言商，何时打折取决市场需求，故也不会反对打折。由此看，真正反对打折的只有国有书店，由于负担重，经营成本高，新书打折国有店肯定比不过网络与私人店，这才是问题的症结所在。

就这么肯定么？是的，就这么肯定。

假如没有"黄牛党"

　　春运高峰一年一度，是老问题了。每到这个时候，铁路部门就兴师动众、手忙脚乱；当然最苦的还不是铁路部门，而是那些急着回家的民工，归心似箭可又一票难求。有人把这归罪于"黄牛党"，认为是"票贩子"从中作祟，于是铁道部今年推出新招，率先在广州、成都等地实行实名购票。实名制对打击"黄牛党"肯定有用，但我不明白的是，打击"黄牛党"与改善车票供应有何关系？假如没有"黄牛党"，火车票难道就不紧张了么？

　　回想二十年前，我当时在人民大学念书，那时"黄牛党"还不像今天这样猖獗，可每年寒假为买车票回家，同学们得在人大东门的售票点通宵达旦地排队，寒风凛冽，人困马乏，于今想来还苦不堪言。由此我有个判断，春运火车票难买，并非

"黄牛党"所致，而是车票供不应求。设想一下，如果春运期间缺一百万张票，即便政府有办法让"黄牛党"销声匿迹，铁道部不也不能增多一张票的供应么？

是的，事实就是这样。所以我一贯的观点，不是"黄牛党"造成了车票短缺，恰恰相反，是车票短缺成就了"黄牛党"。为便于理解，这里不妨让我引入一个经济学概念，即"消费者剩余"。假若消费者肯出高价购买某商品，可由于价格管制却以低价成交，这样，消费者的意愿价格与受管制后的成交价之间有个差额，此差额即为"消费者剩余"。切莫望文生义，如果你认为"消费者剩余"就是给消费者的好处，那么就大错特错了。

举火车票的例子。春运期间因为车票供应短缺，比如一张从广州到成都的车票，假如有人愿出 500 元，但铁道部规定只准卖 400 元，那么这 100 元的差价则是"消费者剩余"。问题也就出在这里。铁道部原本以为，管制价格是对消费者让利，其实不然，这正好是给了"黄牛党"可乘之机。这些年，铁道部一直限定票价，可顾客却很难买到低价票，为什么？那是铁路的"内部人"将车票加价卖给了"黄牛党"，而"黄牛党"再加价卖给消费者。这是说，价格管制所形成的消费者剩余并未归消费者，而是由"黄牛党"与"内部人"瓜分了。

想想上世纪 80 年代中期的价格双轨制吧。政府限制钢材价格，于是就有人"倒"钢材；政府限制地价，于是又有人"倒"

土地批文；政府限制化肥的价格，于是连化肥也有人"倒"。总之，但凡有价格管制的商品，几乎都有人"倒"，当时社会各界对此意见很大，怨声载道。不得已，后来政府这才放开了价格，结果价格一放开，"官倒"很快就不禁而止。这件事给了我们一个启示，打击"黄牛党"其实只需一招：放开价格。由此看，今天推行所谓实名制购票并非明智，恐怕是劳民伤财而已。

我的分析是这样：上文说，在实名制推行之前，"消费者剩余"是由"黄牛党"与"内部人"瓜分；而实名制后，"黄牛党"当然不能再从中渔利，但"消费者剩余"仍不会归到消费者头上，它会从两方面消散：一是顾客购票排队与验票等待的时间。听说这次实行实名制的地区，顾客会被要求提前四小时进站验票，对顾客这无疑是不小的成本。二是身份验证系统与设备的投资。有消息说，仅广州与成都采购相关设备的费用就高达两亿元。显然，这两亿元既未改善车票供应，也未改进国民福利，对社会纯属是浪费。

再想多一层。推行实名购票而不放开价格，说到底是铁路部门在向身份验证设备供应商让利。道理简单，若放开价格，车票涨价铁路部门肯定会增收，"消费者剩余"不复存在；而管制价格推行实名购票，铁路部门未增收，"黄牛党"也无利可图，这样一来，"消费者剩余"则从"黄牛党"那里转给了设备供应商。我不清楚目前供应商是谁，铁道部至今语焉不详，若是自产自用还好说，肥水没流外人田。若设备来自进口，那铁路部门算是蠢到了家。

当下的麻烦，是国人对价格太敏感。谁若主张放开价格，谁准得挨骂。但我要问的是，除了放开价格，谁又有比这更好的办法呢？短缺就是短缺，价格放不放开都总有人买不到票。而且我坚信，价格管制的最大受益者并不是民工，而是那些掌管权力的官员。官员买票或许一个电话就能搞定，民工却要自己排队，而且还未必能买到。与其如此，就倒不如放开价格。价格放开后，不仅铁路部门可增收，同时也可分流顾客。而最重要的一点，是铁路部门有了钱可投资改善供应，长远看，对民工未必是坏事。

其实，铁道部若真想照顾民工，是用不着限制价格的。让价格放开，民工可按市价买票，然后铁路部门可根据其有效证明（如乡政府出具的打工证明，企业的雇佣合同等），再返回一定的折扣给民工。当然，这件事操作起来会有些繁琐，也难保没有人弄虚作假，但事在人为，至少这样处理可避免富人搭穷人的便车，铁路部门没必要补贴富人坐车吧？多少年来，春运已令政府伤透了脑筋，长痛不如短痛，铁道部何不放手一试？

再说春运火车票价格

前篇写"假如没有'黄牛党'",是春节前一天,要过年,没法在报纸上发表,于是只好先挂在网上投石问路,也是想听听网民的意见。几天前上网一看,好家伙,网上一片责骂。反正骂死人不偿命,没人管得了,想骂尽管骂。所幸我自己不蠢,早就刀枪不入,对所有尖刻言辞皆一笑置之。

有理说理,读者不同意我当然可以批评。可惜的是,网评中却很少有理性的声音。曾说过多次,经济学者并不冷血,也有同情心,但经济学者的任务是要揭示规律,所以做经济分析得尊重逻辑,不能用情感代替理智,否则让同情心先入为主,一叶障目推理会谬之百出。正是基于这样的考虑,故对谩骂我历来不理,而对非理性的批评,也从不回应。

不过这次不同。我所以要写这篇文章回应,并不是因为挨了骂，而是此话题关注度高。事关很多人的切身利益，大家要站出来说话很正常，我不反对人们表达诉求，而且追求利益最大化没有错，无可厚非。问题是政府兼顾效率与公平应该怎么做，我在前文指出，铁路实名购票劳民伤财，不是说政府不该打击"黄牛党"，而是从经济学角度看实在是得不偿失。

我的观点至今不变，春运铁路运力（车票）短缺，并非"黄牛党"惹的祸，而是我们的特殊国情所定。一方面，春节回家团聚乃国人千古不易的传统；另一方面，这些年进城务工的农民数以亿计，这么多人要同时回家，铁路当然会不堪重负。困难在于，春运再紧张，铁道部也不可能另造铁路或火车，不然春运一过就得闲置。这就是问题的关键，春运期一票难求，原因即在于此。

不是要为"黄牛党"辩护。平心而论，"黄牛党"确实只是运力短缺的结果而不是运力短缺的原因。不论有没有"黄牛党"，谁也不能否认春节运力短缺是事实；相反，车票短缺却不让涨价，"黄牛党"这才应运而生。有谁见过"黄牛""倒"机票么？没有吧？那么"黄牛"为何不去"倒"机票？答案是机票无价格管制，无利可图当然不会有人"倒"。由此看，打击"黄牛"其实只需放开价格一招，兴师动众地推行所谓实名购票，投入大量人财物，结果车票没多增一张，反而购票、验票更繁琐，这不是劳民伤财是什么？

有人赞成实名购票我理解，是的，今年不少人的确是买到了低价票，得了实惠，他们当然会叫好。可若去听听那些没买到票民工的意见，知道他们怎么看吗？还是怨声载道。也难怪，假若铁路总运力只一千万张票，需求却是两千万张，这样不管搞不搞实名制，总会有一千万人买不到票是不是？这是说，实名制只是让谁买到票或让谁买不到票，改变的仅是购票规则。不怕浪费时间打电话或排队的肯定能优先买到票，而那些没时间的，即便出高价也会买不到。

我还有个推断，只要火车票价格不放开，若明年再行实名制，不仅"黄牛党"将死灰复燃，且身份证造假也可能会成一大产业。今年是实名制试点头一年，各方严防死守，结果"倒票"的事还是四处可见。不仅广州、成都有，其他城市也有。事情明摆着，政府管制了价格，有差价可赚，"黄牛党"怎能不见利起心？退一步，即使"黄牛"不主动上门，可有的人时间值钱，为省时间，他们也会找"黄牛""代劳"呀。

经济学说，商品供不应求价格上涨，供过于求价格下跌。这本是经济学常识，理论上不会有人反对。可奇怪的是，一回到现实人们往往就不这么看了。不是吗？比如春运火车票明明短缺，可人们却不希望涨价。何以如此？查看了一些文章，归纳起来理由有三：一是铁路系国家投资，且垄断经营没有竞争；二是铁路客运乃公共品而非普通商品；三是放开价格车票会漫天涨价对消费者不公平。

是这样吗？我看未必。先说第一点，铁路系国家投资没错，目前也少有民营资本进入，但这样能说是铁路客运就没有竞争么？非也！事实上，从国内整个客运市场看，铁路不仅要与公路竞争，而且要跟空运竞争。铁路今天所以顾客盈门，说穿了是低价竞争的结果。不信把火车票涨起来，顾客会不会跑到空运与公路那边去？当然，我也赞成铁路引入民营资本，但没有民资进入绝不等于没竞争，更不能成为价管的理由。

说铁路客运是公共品而非普通商品，我也不同意。铁路与空运、公路运输比，究竟"特殊"在哪里？这些天思前想后我也不清楚。经济学说，公共品的重要特征是消费非竞争、非排他。可铁路客运并不如此，不仅消费竞争激烈，而且高度排他。一张车票被我买了，你就买不到，怎能说铁路是公共品呢？有人说，铁路是国家花钱建的，"人民铁路"只能卖低价。这是什么话？国家投资的产业岂止铁路，难道国企产品都只能卖低价？没这个道理吧！

至于放开铁路客票会否漫天涨价，我的看法是不会。说过了，铁路面临公路与空运的竞争，火车票价若接近机票价，顾客会选坐飞机；若低于机票但比汽车票价高太多，顾客会改坐汽车。所以一般说来，火车票价会在机票与汽车票之间浮动。其实，早几年春运期间车票价上浮20%而平时下浮10%就是不错的办法。春运多付点钱，平日少付点钱，算总账对消费者也公平。

最后再多说一句。政府管制火车票价格，春运不涨，平日不降，这无疑是让平日坐火车的顾客掏钱补贴春运坐车的顾客，想想看，这对平日坐火车的顾客公平么？

公平与效率

分配失衡非效率之错

　　学界关于效率与公平一直存在争论，而两年前，争端又起，围绕效率优先还是公平重要大家各执一词，互不退让。笔者本想隔岸观火，躲开这种笔墨之争，然思来想去，还是觉得有话要说，不吐不快。写出来与读者做个交流吧。

　　其实，效率与公平不是一个层面的问题，两者不可能有冲突。人们将它们对立并笔战不休，多半是出于误解，有点堂吉诃德大战风车的味道。因为问题不存在，"敌人"是假想的，所以从理论方面看，这种争论的意义几近于零。就如同讨论大米与布匹哪个更重要，不仅徒劳无益，而且就是争论一万年，也不会有结果。

　　说争论起于误解，是由于人们没有区分效率与公平各自涵盖的范围。经济学强调效率优先、兼顾公平，是说企业分配要讲效率，社会分配要讲公平。企业分配是初次分配，社会分配是再分配，所以在分配次序上，效率要放在公平的前面。这样看，所谓效率优先，绝无贬低或轻视公平之意。企业求效率，政府求公平，井水河水，泾渭分明，怎么可能产生矛盾呢？

是的，认为效率与公平有矛盾的学者，确实是把两个不同层面的问题混淆了。而且多数的情况，是把公平纳入到企业内部来考虑，许多争论也由此而生。实际上，企业分配是不必照顾公平的，公平是政府的事。企业分配只需追求效率，力争把蛋糕做大，这样，政府才能多收税，才有财力惠及穷人而实现高水平的公平。正是在这个意义上，我们说效率是公平的基础，也是前提。

进一步说，效率优先，原本就是市场经济的题中之义。因为市场经济是交换经济，要交换，就得保护私产；若保护了私产，企业内部分配就得按生产要素的贡献分配。这个推理不复杂，不过为便于理解，我还是分层来说。

第一，交换经济必须保护私产。马克思说过，市场交换产生于两个前提：一是分工；二是保护私产。封建自然经济，男耕女织，没有分工，当然无须交换。但有了分工，若不保护私产，也不会有交换。私产不保护，意味着抢劫不违法，倘如此，结果一定是弱肉强食，盗匪横行。这样的经济，不可能是市场经济而是强盗经济。资本主义早期原始积累就是例子。

第二，国家立法保护了私产，则分工引发的交换，必是等价交换。所谓等价，是指交易主体地位平等，买卖自由。在私产得以保护的条件下，任何人不得巧取豪夺，不得强买强卖。一切交易，均须在自愿互利的原则下进行。

第三，若将保护私产与等价交换导入企业，那么企业分配就必须尊重要素所有者的产权，奉行等价交换原则，坚持按生产要素的贡献分配。

举个例，假定有三个人，他们分别是资本、土地和劳动的所有者。经过协商，他们都同意把各自的资本、土地、劳力拿出来合作，结果一年下来收入了1000万。那么这1000万怎么分配呢？按照保护私产与等价交换原则，当然应该利益共享：资本得利润；土地得租金；劳动得工资。否则，令任何一方不参与分配，都是对私产的侵犯与对等价交换的违背。

百多年前，经济学家帕雷托就提出了分配的最优状态标准。帕雷托说，分配的最优状态，是不使一个人境况变坏，就无法将另一人境况变好。中国有句俗语"各得其所"，恰好与其不谋而合。即是说，当每个人都得到自己应该得到的报酬时，就是分配的最优状态了。按生产要素的贡献分配，无疑符合帕雷托最优状态，经济学讲效率优先，指的也是这个状态。

行文至此，我们应当说清了企业分配为何要追求效率。现在再说政府，我的观点是，由政府操作的社会再分配，则重点应追求公平。政府与企业不同，政府追求的目标是最大化的稳定。要保持稳定，就得调节收入差距。睁眼看世界，当今发达国家，有哪国政府不重视扶贫的？他们通过累进所得税，从富人手里征税，再转移支付给穷人。所以这么做，无非是为了防止两极分化，避免社会动荡。

从经济学角度看，政府追求公平还有一层原因，即追求社会福利最大化。英国经济学家庇古曾证明，一元钱分别给富人与穷人，效用是不同的。由于边际效用递减，一元钱对穷人的效用，往往要高过富人。区区一元钱，富人或许不屑一顾，而穷人有了这一元，却可免受饥饿之苦。于是庇古推论说，社会福利的最大化，就是收入的均等化。

尽管有人不赞成庇古，但笔者认为，适当调节贫富差距，富人不会因此变穷，而穷人却可以增益。无论如何，这也是个改进公平的可取之法。不过要指出，调节贫富差距，不等于劫富济贫，政府要调控有度，不能助长仇富心理。共同富裕是目标，但不可能齐步走，必须有人先富，有人后富。富不是坏事，只要是诚实劳动、合法经营，谁先富，政府都应当鼓励。

再强调一点。时下社会公平存在诸多不足，并非重视效率造成的。而是以往社会再分配的思路出了偏差。比如过去的财政定位，一直是生产性的。生产性投资过多，扶贫性投入偏少；城市投资过多，农村投入偏少。如此形成的社保水平低，城乡差距大，绝不是追求效率之错。若把矛头指向效率，恐怕是板子打错了地方。

公平当以民意为依归

笔者曾撰文指出，企业求效率、政府求公平。最近，不少读者发电子邮件给我，问政府如何求公平。要答复读者，虽说不上有何锦囊妙计，但列三五条建议倒是易如反掌。眼下的困难，是如何理解"公平"。若是大家对公平的含义理解不一，即便给出答案，怕也是文不对题。

的确，公平是一种价值判断。由于文化背景、利益取向、收入状况不同，人们的公平观往往大相径庭。比如你到长安街去问路上行人何为公平？三个人没准会有四种答案。我查阅过一些文献，发现专家对"公平"的看法，也五花八门、莫衷一是。笔者有自知之明，不敢贸然给"公平"下定义，但有一点却明白，知道现行"公平定义"的缺陷在哪里。

学界看公平，大致有三个角度：一是结果公平；二是机会平等；三是起点平等。从结果看公平，是经济学的常规方法，人们熟知的基尼系数，就是一个衡量收入差距的指标。用基尼系数度量公平，反映的是收入平均化的状况。经验表明，基尼系数大于0.45，即是收入差距过大，可能是不公平。但反过来，收入均等也未必就公平。比如你比我能干，贡献也比我大，而我拿的钱和你一样多，这显然对你不公平。

机会平等貌似公平，但若起点不平等，机会平等也不是公平。假如有一幅名人字画拍卖，你我都有机会参加竞买。不同的是，你整天游手好闲，却靠祖上的遗产富甲一方；而我先辈一贫如洗，自己勤扒苦做，收入仍不及你九牛一毛，尽管我比你懂得欣赏字画，可和你争，我买到字画的概率是零。再比如，政府斥巨资建体育馆，并免费向公众开放，说起来，大家享用体育馆的机会平等，但若体育馆建在城市，那么对乡下的农民就不公平。

可见，机会平等是否公平，关键要看起点是否平等。问题在于，起点平等只能是理论的抽象，真实世界不可能有。参加歌手大赛，宋祖英嗓音甜美，你五音不全，而要求宋祖英与你起点平等，天下没这个道理吧？你天生聪慧，我愚笨如牛，一起参加高考，我要你像我一样蠢，你肯定也不答应。其实，五个手指伸出来不一般齐，人的禀赋不同，要求起点平等，对禀赋高的人也是不公平。

说过了，我能指出现行"公平定义"的不足，但却不知该怎样定义公平。近来日思夜想，一直有个疑问：公平是否就不能被准确定义？或者说，公平的标准本来就不该由政府来设计？定义不清楚，想设计也设计不了。这当然不是说，政府对公平就束手无策。我是说，公平虽然不能准确定义，但反过来，不公平的事却很容易看得出。尤其对身边的不公平，人们通常有高度的认同。

举例说，高考分数线的划定。对边疆民族地区录取线偏低，大家没意见，而对北京地区录取线偏低却大为不满，是为何故？因为北京考生得天独厚，不仅有一流的教学设备，而且有一流的师资，可录取线反而比外地低，于是大家认为不公平。前几年，有外地家长为把孩子户口办进北京，来北京买房置地，结果政府一纸禁令，围追堵截，查处高考移民。这其实又加剧了不公平。

搞市场经济，一定会有收入差距。别以为收入有差距就是不公平，其实老百姓并不这么看。你诚实劳动、守法经营致富，大家羡慕你；你走私贩私、制假卖假，大家痛恨你；你以权谋私、受贿敛财，大家反对你。后两种人损人利己，搞的是邪门歪道，当然不公平。还有，即便是合法致富，但倘若收入差距过大，有人挥金如土，有人饥寒交迫，人们也会认为不公平。

再说城乡差别。现行的户籍制度，限制人们迁移自由，不仅对农民不公平，而且对农民子女也不公平。比如义务教育，本来是由政府免费提供，不论城乡，孩子上学都应一视同仁。可现实却是，城里的孩子不交钱，而农民工子女要交借读费。同样是医病，城里人可以报销，农民要自己掏腰包；同样是养老，城里人有社保，农民却只能养儿防老；城里修路政府拿钱，农村修路却让农民集资。

诸如此类的不公平，若非有意视而不见，谁都可以再列举一串。有趣的是，学界不能恰当界定公平，但平民百姓却看得透彻。这就应了那句古话，"公道自在人心"。如果将此再推展到政策层面，其含义是，政府求公平，大可不必事先设计出什么框框，而是要相机调节，不断消除多数人认定的不公平。这样看，政府求公平，就只能是一个渐进的过程，不可一蹴而就，也不能一劳永逸。

此分析若是成立，那么现在可回答读者的问题。政府求公平，我的看法，是政府要把握好三个原则：第一，要以民意为依归。对社会普遍反映的不公平现象，政府必须及时化解。第二，要优先照顾弱势群体。市场经济下总有收入差距，有差距不要紧，要紧的是政府必须对低收入者予以补贴。第三，要维护平等竞争的权利。当前的户籍管制、行政垄断等，都有悖平等竞争原则，政府应当尽早解除。

幸福的参照

　　小时候读"三字经"，倒背如流。对开篇讲"人之初，性本善"没有怀疑过。后来进大学读经济，知道亚当·斯密说人性自私，则大惑不解。问过教授，教授说，要推断人的经济行为，就应做如此假设。

　　"性善"到底是否为人类与生俱来，非本文重点，不讨论。人到中年，经历的事多，见过光明磊落的君子，也遇过心底阴暗的小人。但不论哪一类，我个人的看法，多数人都有同情心。古代劫富济贫的绿林好汉，现代乐善好施的阔佬，不是说他们都有高尚的情操，但用同情心解释其善举，不会错到哪里去。

　　同情是人的天性。敢打赌，假如有人撰文，大声疾呼政府加多社会福利，不管用何理由，也不管说得是否在理，拍手叫好的一定多；相反，若有人不识时务，指出其逻辑纰漏，就算说得对，那也会千夫所指。现成的例子，当年撒切尔为医治英国"福利病"，曾有意削减福利，结果触犯众怒，连她的母校牛津大学都不肯授她荣誉博士学位。

所以我担心，今天我们讨论扶贫，会不会一样缺乏理性。扶贫我当然赞成，也写过文章。但以国家现有的财力，究竟怎样做才能既帮助穷人，又促进社会和谐，是重要问题，应冷静处理。遗憾的是，当下学界关注的重心，似乎只在收入差距方面。参加了几次学术沙龙，听学者谈"差距"，大开眼界；没想到的是，有人根据中国的基尼系数得出"两极分化"的结论。

相信这些学者的善意，也不否认他们的责任感。但我不明白，过度地张扬"差距"，对社会和谐的好处在哪里。中央提出"注重公平"，无论如何是要提升国民的幸福，促进社会和谐，而不是搞贫富对立。何况经济学说得清楚，幸福虽与收入有关，但不完全是一回事，诺奖得主卡尼曼教授做过调查，美国人的收入与 50 年前比多了三倍，但今天美国人的幸福程度，却并不见得比二战前高。

其实，幸福作为一种感受，不仅决定于收入，也来自人们比较的参照。说我个人的经验。早年在乡下种地，面土背天，煞是辛苦，但那时只要能吃饱肚子，就会觉得幸福。为何？因为经常挨饥抵饿，对比的是穷日子。改革开放后人们丰衣足食，不曾想不满足的人反而多了，端起碗来吃肉，放下筷子骂娘。何故？是比较的参照变了。我现在做教授，月入数千，比之从前心满意足；但若硬要我去跟那些日进斗金的明星大腕比，岂不郁闷得要跳楼？

幸福来自比较的参照，读者应该有类似的经历。比如你去一家小店就餐，一杯清茶收你 30 元，也许你会不乐意；但当你到五星酒店，同样一杯清茶收 30 元，你为何可以接受呢？原因是你觉得五星酒店的环境与服务好，物有所值。但只要你这么看，就有了固定的参照，而且一旦形成，则会影响到你日后的幸福感受。曾读过奚恺元先生大作，题目记不准了，但他介绍芝加哥大学塞勒教授的一项实验，印象深，恕我借用一下。

塞勒教授设计了一个场景，一帮躺在海滩上的朋友想喝啤酒，刚好切尼要去附近的杂货店办事，于是说，他可为大家去买啤酒，但不知多少钱一瓶可接受？经过合计，最后出价是 1.5 元。切尼又问，如果杂货店不卖，而去旁边的酒店买，各位肯出多少钱？又一番合计，出价竟是 2.65 元。想问读者，啤酒是标准品，从不同的地方买同样的啤酒，出价为何会有差异？答案是，人们对比的参照不同。

跟下来的试验，是切尼以两元的价格买回了啤酒。起初他告诉朋友，说啤酒是从酒店买来，大家听了很高兴，比预期的价格低，认为得了便宜，于是开怀畅饮；可没等大家喝完，切尼又道出真相，说啤酒是买自杂货店，结果大家垂头丧气，一个个都觉得吃亏。有趣吧，同样的啤酒，同样的花费，只要说不是买自酒店，人们的幸福感陡然消失。

这让我想起早年"忆苦思甜"的例子。今天的年轻人不知，在我的中学时代，学校常有忆苦会。主讲人都是旧中国苦大仇深的穷人，听他们讲日本人在中国如何烧杀抢夺，国民党如何横征暴敛，地主老财如何欺压百姓，辛酸的故事曾令我泪流不止。于今回顾，当年的忆苦会，我受益良多。至少在当时缺吃少穿的年代，感觉自己是幸福的。

今非昔比，社会在进步，当然不能教人安于贫困。写这篇文章，也无意为政府开脱。相反我的观点，扶贫助弱，政府责无旁贷，理当竭尽全力。但困难的是，政府不会点石成金，财力所限，脱困得有先后，不能毕其功于一役。既如此，对暂时不能脱困的低收入者，学界应做的，是引导人们正视现实，而不是过度渲染"差距"，助长不满。那样除了博得掌声，对社会和谐有害无益。

空谈误国。真正关心穷人的学者，献爱心最好拿出点行动来。

推进公平三策

　　构建和谐社会，人心所向。最起码，社会和谐，不论富人穷人对未来都有乐观预期，是双赢。和谐社会的涉及面广，民主政治、道德法治、公平正义、人口经济、资源环境等，不一而足。不过单从经济看，最要紧的是公平。一个公平长久失衡的社会，是难有和谐可言的。

　　政府关注公平，理由很多。拣重要的说，一是社会稳定；二是福利最大化；三是扩大内需。先说稳定，经济学讲，政府最大化的目标是稳定。邓小平生前也多次告诫全党：稳定压倒一切。中国改革近30年，成就举世罕见，但公平失衡却又美中不足。尽管当下尚无两极分化，但行业、地区、城乡间收入悬殊，则是铁打的事实。端起碗来吃肉，放下筷子骂娘，表明人们对分配不公不满。若不未雨绸缪，听任事态发展，迟早会动摇稳定的根基，因此，消除不公平，政府责无旁贷。

第二个理由，福利最大化。中央提出要建设全面小康，要惠及十几亿人口，言下之意，就是让众人共享发展成果。是的，政府通过再分配调节收入差距，不仅有利稳定，也能改进社会福利。马歇尔举过一个例子，下雨天，富人通常会花 1 英镑坐电车上班，而穷人不会，穷人会打着雨伞步行，把钱省下来买面包。前者为舒适，后者为生存，所以 1 英镑的效用，穷人富人不一样。若如此，政府征富人的税补贴穷人，整个社会福利就会提升。

第三个理由，扩大内需。年初，温家宝总理在中央党校发表讲话，说中国经济要持续稳定增长，必须坚持扩大内需，而且重点是启动消费。我赞成温总理的观点，但问题是，要启动消费，必须加高低收入者的收入。凯恩斯曾发现，随着人们收入的增长，消费倾向即消费在收入中的比重会下降。比如，那些年薪数十万的高收入者，有房有车、锦衣玉食，新增收入会大量转为储蓄；而低收入者不同，等米下锅，捉襟见肘，增加收入必定用于消费。

可见，公平关乎社稷，非同小可，不能等闲视之。但问题是，我们该如何求公平呢？近来参加几个座谈会，感觉有个误会要澄清。有人认为，当前分配不公，是由于以往太重效率所致，故而主张矫枉过正，用效率换公平。我不赞成这种观点。我的看法，效率与公平，原本不在一个层面。所谓效率优先，注重公平，指的是初次分配求效率，再分配求公平；企业求效率，政府求公平。这样看，效率与公平并不矛盾。既然不矛盾，两者并行不悖，我们是不必顾此失彼的。

其实，当下收入分配不公，责任并不在"效率"而在政府。比如行业间的收入悬殊，那是行政垄断造成的，设想一下，如果电信、银行、保险业允许竞争，他们的收入会居高不下吗？再看城乡收入差距，一方面，政府过去用价格剪刀差，让农业为工业积累资金；另一方面，财政将大把的钱投向城市，而少顾及农村。城里人看病养老政府出钱，而农民却要自己掏腰包。还有，就是非法收入，这一块老百姓意见最大，所谓权钱交易、制假贩假、偷税漏税，哪一项不与政府监督不力有关呢？

由此看，保障公平的责任在政府，维护公平的主体也是政府。说具体点，政府求公平，至少有三件事要做：首先，要调节垄断业的过高收入。不是说，垄断企业就不能有高收入，而是收入一定要与贡献挂钩。目前垄断企业利润高，并不全是经营者的功劳，某人在政府做司长，年收入3万多，一旦派到企业做老总，摇身一变，年收入就是100万，你说合理吗？再说谁当老总，并非竞争所定，而是政府指派，如此坐享其成，旁人怎会心服口服？化解的办法，是把非经营性盈利撇开，管理者的收入，只与经营性盈利挂钩。

政府要做的第二件事，重新定位财政职能。经济学说，市场经济的财政是公共财政。既然是公共财政，那么就得专司公共服务，不仅要惠及城市，而且要覆盖农村；不仅要支持东部，而且要照顾西部。过去几十年，财政对公共服务投入少，欠账多，追问原因，都说是政府没钱。若想深一层，这哪里是钱的问题，真实的原因，是政府越位，花了不该花的钱。比如一般竞争性行业，政府原本不必介入，可大量资金却投进了这些行业。而那些需要政府办的项目，如义务教育、社会保障、扶弱助贫等，反因缺钱而力不从心。因此，为确保有财力照顾公平，国家应立法规定财政资金的用途，硬性划定用于农村以及扶贫的比例。

政府要做的第三件事，取缔非法收入。对制假贩假、偷税漏税等不法行为，政府应严加监管，重拳打击。而对官员以权谋私的行为，一方面要严肃查处；而更重要的，是要规范与减少行政审批。权钱交易由来已久，中央三令五申为何屡禁不止？有哲人说，反复出现的问题，要从制度上找原因。的确，权钱交易五花八门，但追到底，大多都与行政审批有关。审批制不改，腐败难除，所幸的是，政府已承诺将审批改为备案，现在要紧的，是如何落到实处。

最后再强调一点，政府注重公平，绝不是搞平均主义。计划经济离我们并不遥远，30年前，我们搞的就是大锅饭，虽然收入较平均，但那是贫穷的公平。邓小平讲，贫穷不是社会主义。中国有句俗语，财大气粗。不错，社会主义要有说服力，就必须发展生产力。政府当初决意改革，打破大锅饭，也就是为了适当拉开差距，调动人们劳动的积极性。于今回头看，中国经济一路高歌猛进，分配改革不记头功，也算是立下过汗马功劳吧！

追问企业社会责任

中欧美论坛结束后，与几位同事从阿斯平飞旧金山访英特尔。我此行的任务，是应英特尔之邀为公司高层做一个"中国经济问题"的讲座；并同时研讨"企业的社会责任"。关于讲座我会另文说，这里先谈"企业社会责任"，而且重点是谈我自己对企业社会责任的追问与思考。

赴美前，英特尔中国区的王黎女士给我送来《责任引领创新：2010—2011英特尔中国企业责任报告》，洋洋洒洒近十万字，图文并茂，一看就知是倾心之作。而首席执行官保罗·欧德宁（Paul S. Otellini）在开篇致辞中说，英特尔成功的关键，就在公司的创新力与企业社会责任的领导力。那么何为企业社会责任呢？很遗憾，看完整篇报告也没找到答案。

说实话，关于企业社会责任我已思考多年。约六年前，我曾率团访问法国电力公司（EDF），记得当时他们讲企业社会责任，就是指企业代政府扶贫。比如为解决边远山区的用电困难，"法电"不仅架设了专线，而且还为贫困户廉价供电。扶贫本来是政府的职责而企业出面代劳，故称之为企业的社会责任。而我当时的困惑是，企业只是帮助做事，费用还是政府出，这相当于是企业从政府手里接工程，怎能算企业承担了社会责任呢？

无独有偶，后来访问澳大利亚，澳大利亚讲企业社会责任也大抵如此。典型的是养老服务。过去是政府直接办养老院，后来政府把养老交给了私人机构，让退休老人自己去选择私人养老院，费用则由政府结。这样养老机构有了竞争，服务得到改善，公众好评如潮。政府这样做当然对，也值得借鉴，但若说这是私人养老机构承担了社会责任，我认为牵强，于理不通。

这次访英特尔，Michael Jacobson先生专门为我们介绍了英特尔有关企业社会责任的情况。隔行如隔山，他讲的有些专业名词我不太懂，他大意是说，英特尔的社会责任体现在自创立以来为社会提供了大量的高科技产品，如延伸英特尔PC平台引领云计算的变革，推动智能手机、平板电脑、智能电视升级等。讲者如数家珍，而我却暗想，英特尔推动创新的动机到底为何，是为了盈利还是社会责任？

于是我向Michael Jacobson发问。我问，究竟怎样理解"社会责任"？如果企业向社会（消费者）提供了商品或服务就是社会责任，那么哪家企业不承担社会责任？问得唐突，讲者一时语塞，于是我用亚当·斯密的名言再解释我的问题。斯密说，我们的晚餐并非来自酿酒师和面包师的恩惠，而是来自他们对自身利益的关切。那么英特尔推动产品创新是出于对自身利益的关切还是出于对社会责任的考虑呢？

Michael Jacobson 答，两者兼而有之。若从客观效果看，他答得没错。但我认为主观动机与客观效果并非一回事。所谓主观为自己、客观为社会，说的就是商家自己要赚钱必须为社会提供有用的商品，否则你怎么能挣到别人的钱？这是说，企业要挣钱必须造福社会（利他），也正因如此，所以看一个企业是否履行了社会责任就不能单看客观效果，还应看主观动机。

简单说吧，所谓企业社会责任，就是企业做某事的主观动机必须利他，而不只是客观利他。举个例子，英特尔在中国资助培训 180 万名中小学教师就是企业社会责任。为什么？因为培训教师与英特尔的经营业务无关，也无直接利润回报。尽管英特尔会因此在中国赢得好口碑，客观上也会利己；但它的主观动机却是利他而非利己。

是的，但凡企业对公益活动（如慈善、救灾、教育、医疗等）的资助，皆为它所承担的社会责任。对此那天讨论时大家也无异议，不过对以下两个问题的看法分歧就大了：第一个问题是怎样看企业赞助大奖赛。具体说，就是英特尔赞助"英特尔国际科学与工程大奖赛"算不算企业社会责任？Michael Jacobson 认为算，理由是英特尔并非出于盈利的考虑。而有人认为不算，理由是大奖赛以英特尔冠名有做广告的性质。我的看法呢？我认为应该算，第一，主观上，英特尔的确没有赚钱的动机；第二，承办方也非营利机构。若不是这样，比如英特尔赞助电视台歌手大赛就不同了。众所周知，电视台乃营利机构，赞助电视台那就是变相做广告而非社会责任。

第二个问题更复杂些。很多时候，企业的主观动机并非只利己不利他，或是只利他不利己，若两者并行不悖怎么看？这种情况确实有，那天 Michael Jacobson 就为我们举了个真实的例子。英特尔两年前在非洲投资办厂，主观动机是盈利，但为了减少排污，公司又斥巨资对污水进行处理。此举算不算企业承担了社会责任？有人说不算，认为企业本来就不该污染环境。而我则认为不能一概而论，关键是要看企业是否有主观利他的动机。比如，当地法律若限制排污，英特尔那样做是迫不得已，算不上承担社会责任；相反，若当地法律不限制排污而英特尔自动限排，当然就是企业承担的社会责任了。

政府的社会责任

　　曾撰文讨论企业社会责任，这里再说政府，是想换个角度谈社会责任。近几年学界谈企业社会责任的文章多，给人感觉，似乎企业承担社会责任是多多益善，而我却不这样看，以往企业办社会我们有教训，痛定思痛，这问题值得慎重研究。

　　不隐瞒自己的观点，在我看来，社会责任首先是政府的责任，至少理论上是这样。当年亚当·斯密说政府是守夜人；而弗里德曼讲，政府是我们的仆人。这是说，不管作为守夜人还是仆人，政府承担"国家安全、社会公正、公共产品（服务）以及助弱扶贫"等社会责任都义不容辞。

　　当然，这并不是说政府必须大包大揽，也不是所有社会责任政府都得事必躬亲。比如助弱扶贫，政府可以自己出手，也可让企业相助。典型的例子是养老，早年的养老院皆为政府投资，而今天私人投资的养老院则比比皆是。公共品也如此，政府有责任提供公共品，但不等于政府就要直接生产公共品。

是的，社会责任既可由政府承担，也可让企业承担。那么企业怎样才算承担了社会责任呢？我之前在写《追问企业社会责任》一文中说过，关键是看企业行为是否有主观利他的动机。若企业是为了自己追求盈利，那肯定不是履行社会责任；若主观动机利他，即便有盈利也是承担社会责任。

这判断我今天仍不变。事实上，企业为了盈利，无论生产什么客观上都利他，不然商品卖不出，企业就不可能赚到钱。亚当·斯密有一句名言："酿酒师酿造香甜的美酒，并非出于他们的恩惠而是出于利己的考虑"。这样看，企业只客观利他不是履行社会责任，那是纯粹的商业行为。

有一看法，认为企业只有"贴钱行善"才算履行社会责任，这看法其实是一种误解。企业捐助公益当然是履行社会责任，而且也应得到鼓励；但我不赞成将履行社会责任简单地等同于"贴钱行善"。要知道，企业作为市场主体得自己负盈亏，"一次性"贴钱可以，长期贴钱怎么行呢？

于是这就带出了本文要讨论的话题。社会责任在政府与企业间究竟如何划分？经济学通常是从成本与收益两方面作权衡，而我则主张就从成本看。这不仅因为履行社会责任的收益难以考量，而且无论政府还是企业履行社会责任，其收益都一样；所不同的，只是他们各自的成本。

毫无疑问，以成本划分社会责任，思路肯定对；难题是生活中的成本种类多，五花八门，我们该选哪些成本作比较。这些天思来想去，与此相关的成本我认为有两种：一是沉没成本；二是交易成本。沉没成本是指付出后难以回收的投资。比如装地暖，设备一经安装投资就算"沉没"了，日后地暖不用成本也收不回。

交易成本大家不陌生，简单说，是指达成一笔交易所花费的成本，其中包括信息收集、广告推介以及与市场有关的运输、谈判、协商、签约、合约监督等费用。显然，除了直接生产成本外，所有其他费用皆是交易成本。为了与生产成本相区别，故也有人称此为"制度成本"。

为何可用这两种成本划分社会责任呢？为方便理解，让我用案例作解释吧：

七年前我访问法国，听法国电力公司高管说，"法电"承担了社会责任。事情是这样，法国有边远地区的穷人用不上电，希望政府解决，而政府却把这件事交给了"法电"，"法电"也欣然接受。为什么？"法电"回答是，政府直接供电需架设专线，而"法电"有输电网，只要政府按成本价给企业补贴，企业不赔又能履行社会责任何乐不为？

听明白没？在这件事上政府与企业所以能一拍即合：第一，是企业有现成的输电网，而当初建输电网的投资是沉没成本。既然投资已沉没，给穷人送电对企业来说不过是举手之劳；第二，政府按成本价给企业结算，政府节省了（架专线）投资，企业也赢得了声誉，各得其所自然一拍即合。

由此看，企业乐意承担社会责任，是因为存在相关的沉没成本，若非如此，企业恐怕就不会那么爽快了。这里我想到的另一个例子是"垃圾焚烧"。垃圾处理事关公共环境，显然属于社会责任。可这责任该由谁承担呢？按上面的分析，若企业有焚烧设备（沉没成本）可交给企业，但若政府与企业均没设备怎么办？

这的确是棘手的问题，不过我认为仍可通过比较"交易成本"作选择。比如新建一间垃圾焚烧厂，设备投资（沉没成本）政府与私企也许相同，但由于政府投资建的是国企，私人投资建的是民企。前者花的是公款，后者是自掏腰包，预算约束不同交易成本定然不同，若国企的交易成本低就由国企承担，反之则由民企承担。

不过据我多年观察，一般来讲，民企的交易费用普遍要比国企低。也正因如此，所以诸如垃圾焚烧一类的社会责任我认为可交给民企。但要让民企肯接受，政府有两件事必须做：一是要承诺用财政资金购买民企的"服务"；二是明确界定权利，允许民企向垃圾排放方收取适当费用。二者可选其一，也可双管齐下，而总的原则，是要让履行社会责任的民企有盈利。

最后再多说一句：企业可以承担社会责任，但政府也不应置身事外一推了之。天下无免费午餐，事可由企业办，钱得政府出。我这样讲读者朋友能同意么?

楼市之争

反暴利是隔山打牛

　　近来舆论差不多一边倒，口诛笔伐，指责房产商哄抬房价，为富不义。于是，要求开发商公布成本、反对暴利的呼声不绝于耳。不必说，消费者希望房价回落。但要指出的是，这种指望公布成本打压房价的想法是隔山打牛，错开了药方。

　　不必怀疑我的动机。心可对天，本人与房地产商绝无瓜葛。之所以这么看，是因为价格并不完全取决于成本。研读经济学数十年，没见哪家经济学讲，低成本商品只能卖低价。日常生活里，低成本高售价的例子多的是。我曾参观一家成衣厂，原来一件衬衣不过百元，后与港商合资打上"金利来"商标，价格陡涨至500多。是成本增了5倍吗？非也。"文革"时期的邮票，当年八分钱一张，今天卖一百，成本未变，价格却涨了千多倍。

当然，按成本加成定价是有的。不过得有个前提，那就是商品短缺，供不应求。经济学说，市价要由供求双方定。但若从卖方看，定价必会考虑成本，蚀本的事没人肯做。问题是，厂商按成本加成定价，若消费者不买，有行无市，价格也就形同虚设。反过来，假若商品奇缺，求者若鹜，明知有人出高价，厂商也绝不会拘于成本，有钱不赚，天下没有这样蠢的商家。

我推测，要求公布开发商成本的用意，无非是说当下房产价格相对它的成本过高了，政府应该反暴利。我要问的是，专家学者中有谁说得清楚，价格高出成本多少算暴利？是40%还是60%？若把利润超出成本60%视为暴利，那么要反的恐怕就不止房地产一家了。高科技如生物制药，传统产业如餐饮，高出这个比例的应该不少，难道要一杆子打倒一船人？再说，若不允许企业以小博大，那么科技创新动力从何而来？人们哪会去改进技术、提高效率呢？

举个例子，有甲乙两个木匠，甲手艺差些，做个书柜需两天；而乙手艺精湛只需一天。若劳动力的日成本100元，每个书柜木料成本100元，那么同样做一个书柜，甲的成本300元，乙的成本200元。再假定书柜市价是400元，那么甲的利润率33%，乙的利润率100%。请问在此情形下，政府是否应反乙的暴利？若是反，乙必会放慢进度，做一个书柜也花两天。这对社会来说，无疑是效率的损失。

再一个理由，我不赞成反暴利，是担心这样做会滋生腐败。说过了，由于"暴利"无从界定，这样"反暴利"就难免成为当权者创租的借口。要害在于，是不是暴利，法律没标准，最终得由监管部门说了算，他们说你是就是，说你不是就不是。如此，企业若不想挨宰就得破财免灾，去给主事的官员行贿。不是吗？早在20多年前，政府就管过价格，也反过暴利，结果怎样？腐败丛生，一塌糊涂。有前车之鉴，今天怎可再蹈覆辙！

对居高不下的房价，我的看法，症结不在暴利，而在供求。供求原理说，供不应求价涨，供过于求价跌。中国房价一路走高，原因纵有千条万条，而最根本的，一定是房屋供给不足。假如房屋市场有求必应，房价怎会涨上去？想想吧，电冰箱的价为何不涨？电视机的价为何也不涨？答案只一个，就是这些产品供应充足。记得当年广本轿车新上市，也曾一度炙手可热、价外加费，可后来随着生产量逐年增加，价格还是降下来了。

是的，供应充足的商品，价格不可能持续地涨。可有统计数字说，国内房市目前空置率达26%，积压面积过亿，这说明房屋并不短缺。既如此，房价怎会只涨不跌呢？聚眼看，高空置与高房价并存，是奇怪现象。不过做点调查，其中的原因也不难明白。由于政府控制建房用地，开发商为了赚钱，就一窝蜂地建高端住宅。结果，高端房老百姓买不起，而买得起的又没得卖，所以整体上，国内房市还是供不应求。

要追问的是，高端房过剩，为何价格也不降？细说原因，笔者认为有三：一是普通住房短缺。因为中低档房供不应求，需求则拉动房价上涨，于是高端房也就水涨船高；二是消费者买涨不买跌。开发商清楚，若让房价下跌，消费者必持币观望，这对原本过剩的高端房，是雪上加霜，所以开发商宁愿空置，也不肯降价；三是人们对买房有乐观预期。几乎是普遍看法，认为房产将来会增值。既然收益看涨，房价被高估也就在情理之中。

由此看，要让过高的房价降下来，有两件事需政府做：首先，应鼓励开发商多建普通住宅。不久前，国务院出台规定，明令限制了户型面积。思路对，但行政手段不可取。可取的办法，是按建筑面积征累进税。其次，责令国有各商业银行，必须在限期内收回开发商的逾期贷款，而且新到期的贷款不再展期。只要此举一出，开发商必会降价售楼，效果立竿见影。

至于房产的收入预期，是个复杂问题。手里没有水晶球，买房能否增值，不好说，也说不准。但有一点可以肯定，天下无包赚不赔的买卖。上世纪 80 年代，日本房地产泡沫破灭，是教训；10 多年前，国内房价跌得惨，也是明证。我不信房产一定增值的神话，尤其考虑到将来人口减少、老龄化社会，预期房产增值凶多吉少。是个人看法，不同意我的朋友，尽可去与市场赌一手。

房产升值不是铁律

以经济学为职业，总有朋友与我讨论经济。近来被问得最多的，是房产将来到底能否升值？经济学不是抽签卜卦，推定未来需要约束。约束条件拿不准，推理则谬之百出。自知错的风险大，思之再三还是说点看法。作不得准，我姑妄言之，读者姑妄听之吧。

几星期前，谢国忠先生语出惊人，说中国房地产价格今年开始调整，两年内跌至谷底。从报上看到这个消息，是新闻稿，对谢先生下此判断的根据记者语焉不详。不过看来头，谢先生担任过前摩根士丹利亚太区首席经济学家，应该不是信口开河。我也相信中国房产价格会下落，但却不像他那样悲观。由于找不到谢先生的大作，甄别对错无从下手，先存之不论，两年后自见分晓。

另一种观点，是对谢先生的回应。渣打直接投资公司董事总经理陈凡认为，由于土地资源稀缺，中国正加快城镇化进程，而 GDP 保持快速增长，中产阶层可支配收入远超 GDP 增速，房屋需求会大增，故房价上涨理所必然。据说陈先生刚投资了房地产，此番高论，料定也是言出由衷，而且代表了公司高层意见，不然，董事会是不会同意他拿股东的钱去投资的。

与"谢、陈"素昧平生，两位对房价判断大相径庭，背后是否有别的原因，旁人不得而知。与本文无关，不必猜，也猜不着。言归正传，还是说我自己的观点。我的看法，短期内，比如 2—3 年，中国房价未必会跌，但长期看，房价则必跌无疑。得出这个推断，是基于我对国内房市的供求分析。

曾撰文说过，今天中国的房市，整体是供不应求。尽管高端住宅空置多，但中低端房供应少，而国内的购房需求，大多是中低端。这一点，政府显然看得明白，去年国务院出台政策，明令限制了户型面积，用的虽是行政手段、一刀切，但可增加中低端房供应，效果好，功可抵过。困难在于，建房不是搭积木，征地盖楼，没有几年工夫，供求格局变不了，所以我断定，房价上涨趋势，近期内不容易掉头。

问题是，房价短期看涨，长期为何看跌？问题复杂要重点解释。先指出，我说的"长期"，是指 10 年以上。经济学分析价格，来来去去离不开供求，若假定房屋供应增速不变，那么推断 10 年后房价下跌，那必是房屋的需求下降。可从三方面看，让我分点说：

首先，10年后人口会减少。据专家分析，中国人均寿命72岁，那么到2015年，每年自然死亡数2600万，新出生人口1600万，每年净减少1000万。当然，人口不是决定房屋需求的唯一因素，但一定是重要因素。居者有其屋，人之常理，就是再穷，也得攒钱买房不是？房屋乃必需品，人口减少，房屋需求会下降，是简单的推理，此点不应有争议。

其次，人口老龄化。有资料表明，从1950年至1980年，平均每年出生人口2600万，按男女平均58岁退休，那么从2008年起，每年将有2600万人退出劳动系列。10年后，退休人数将超出2亿。由此看，在职劳力的社会负担将来不会轻，而老人为安度晚年，断不会把积蓄用于买房。相反，不少老人退休后，还会将原来的大房换成小居，北京当下已有苗头，西方国家亦屡见不鲜，倘如此，房屋需求也会降低。

最后，城镇化加快。中国要提高农民收入，必减少农业人口，鼓励农民进城。那么，农民进城是否会拉动房屋需求？答案肯定，但往深处想，也需作具体分析。俗话说，安居乐业。农民进到城市，自然要有落脚的地方。但要提点的是，将来农民进城，目标是大城市还是小城镇？大城市人满为患，而且中央已言明，城镇化要以县城为依托。因此，农民进城拉动的只是中小城镇的房屋需求，对大城市，影响微不足道。还有，现在发达国家，有钱人大多不住城内，若中国也有那一天，城市房屋需求会大减。

回头再说供给。我估计，10年之内，中国的房屋供应仍稳中有升。前年的统计数字，说全国共有房地产企业32618家，只要这些企业不歇业，每年造出的房子，数目应相当可观。虽然政府控制建设用地，多少会抑制房屋供给，但开发商要赚钱，不会坐以待毙，容易想到的，开发商至少可以加多楼层。目前地价约占房价的25%—30%，若容积率提高，地价比重下降，这样算总账，未必会加大开发成本、减少房屋供应。

综合起来，若供应不减，10年后需求下降，房产价格会怎样变？无需我说，读者自有答案。房价持续上涨是神话，我历来不信。既然房屋是商品，价格变动怎能不受供求约束？看看今天的日本，房价比20年前要低得多；香港的房价也明显低于10年前。"房产升值"不是铁律，哪位朋友若买房是为升值，我劝你还是三思为妙。否则，等将来蚀了本后悔，上帝也不能帮你。

房价的三个火枪手

连写了两篇文章，对国内房价走势直陈己见。我的推断，房价2年内未必会跌，但10年之后必跌。文章见报后，读者回声四起，褒贬不一。批评的意见，认为房价10年后才跌太遥远，说了等于没说，是废话。我明白读者失望的原因，急着要买房，谁会有耐心等上10年呢？

也有细心的读者问：房价2年内不跌，10年后必跌，那么今后3—9年跌不跌？是好问题，值得答。不过，回答此问题，还得回到对10年后房价的判断上去。先说我的答案，10年后的房价，若人们普遍看跌，那么今天房价马上就会跌；反之，要是多数人看涨，房价就不容易降。换句话说，当下房价走势，一定程度上取决于人们对未来房价的预期。

这是资产定价方面的学问，容我向读者解释：

人们购买房产，动机不外有二：一是为了自住，二是为了投资赚钱。作为自住消费，房价当然要由供求定，说过多次，不重复。而用于投资的房产，价格则由房产的未来收益定，不是我的发现，而是美国经济学家费雪的观点。

1930 年，费雪出版《利息理论》，其中一个重要论点，是说资产价格等于该资产预期收益的贴现。比如，一棵苹果树值多少钱？费雪说，这与当初种植苹果树的成本无关，而要看苹果树将来能给买主带来多大收益。假定每年提供收益 100 元，贴现率（银行利率）5%，那么苹果树的价格是 2000 元；若每年提供的收益仅 10 元，则苹果树的价格就只值 200 元。

何以如此？让我再举个例子。假定你有 2000 元，银行年利率 5%，那么存银行每年收益 100 元。现在再假定，有人想卖苹果树给你，价格 2000 元，而预期的年收益是 80 元，你会买苹果树吗？当然不会。除非苹果树降到 1600 元，否则，你绝不会接受。因为果树 80 元的年收益，只相当 1600 元的存款利息。

理解了这一点，联系到房产，应该不难明白将来房价对今天房价的影响。说 10 年后房价必跌，那是说 10 年后房产收益会降，作为投资者，低买高卖才能有赚，明知日后房价会跌怎会花高价买进呢？所以我判断，今天投资房产的势头不减，价格攀升，一个重要原因是人们对将来的房价有乐观的预期。

是的，今天房价上涨，是因为人们对未来的房价看涨。要追问的是，若人们长期看跌，房价会立马下降吗？理论上说是如此。不过考虑到目前房市的供求，我认为近两年房价不会降。住房是基本必需品，经济学说，必需品需求弹性小，房价长期看跌只会抑制炒房，但不能减少消费，不论房价10年后怎样跌，那些今天无处安身的人，怎会流落街头、等10年后再买房呢？

还不止如此。另有三个利益当事人，会千方百计阻挡房价下降。首当其冲的是房地产企业。作为开发商，投资赚钱天经地义，为争取最大化的利润，当然不希望房价下跌。通常的情形，他们会利用媒体大造舆论，说房产将大幅升值，以误导人们追涨。看看报纸与互联网，那些成天嚷嚷房价要涨的人，其实大多都是开发商。再比如，那些积压已久的楼盘，开发商为何不降价？说到底，是担心消费者形成降价预期。

第二个当事人是银行。城门失火，殃及池鱼。银行与开发商，是一根绳上的两只蚂蚱，房价下跌，直接受损的是开发商，但银行也脱不开干系。说大数，银行给开发商的贷款达3万亿，如果开发商不赚钱，银行收贷将遥遥无期。更可怕的是，若房价大跌，开发商破产，银行必受到牵连，即便能拿回些质押房产，但房价下落，银行肯定得不抵失。

第三个当事人是地方政府。不管怎么说，房地产已成为地方经济的支柱。发展房产业，不仅能拉动GDP增长，而且财政进账也快。明显的收入，房价高，土地出让金也高，税收也多。由此看，房价上涨，地方政府是最大的受益者。出于自身利益的考虑，地方政府也不希望房价下跌。

不要小视这三方的能量。虽说房价下跌的长期趋势不可逆转，但有他们的抵制，房价回落的时间会推迟。问题的重点，还在中央政府的决心。依我看，以上三个当事人中，银行是关键。牵一发动全身。只要央行责令各商业银行收回房地产逾期贷款，开发商就无力恋战，而地方政府想扶盘也鞭长不及。毕竟经济规律不可战胜，与市场死扛，终归不是办法。

再说一遍，中期房价走向，受制两大约束，一是社会对长期房价的预期；二是央行的态度。对长期房价的预期，没有调查，到底多少人看跌我拿不准；而央行是否会下令收贷，眼下还没有迹象。不懂看风水，三年后房价是涨是跌，只有天知道，我不敢说。

补砖头不如补人头

弗里德曼年前逝世，痛失大师，学界悼文无数。读过一些文章，大多是纪念弗老对货币理论的贡献，而对他补贴穷人要讲效率的观点，却少有提及。近几年，有学者撰文，试图把弗老的"教育券"引入国内，可惜曲高和寡，应者寥寥。也难怪，当年在美国教育券也只是纸上谈兵，不曾引起过政府的重视。

本文讨论房补，重点不在该不该补。居者有其屋，政府给穷人住房补贴责无旁贷，没有理由反对。问题是，政府要施房补，怎样做才能雪中送炭，少花钱多办事，争取社会福利最大化？是经济学的重要问题，值得研究。

解决住房问题，当下政府的思路，一是由市场提供商品房；二是由政府补贴开发商建经济适用房或廉租房。顾名思义，市场提供的商品房要随行就市，受供求左右房价近年节节攀升，穷人收入低买不起，于是怨声载道，矛头直指开发商。而政府资助的经济适用房，由于僧多粥少，买到房的拍手称快，买不到的则扼腕叹息，苦乐不均，令政府补贴的公平性大打折扣。

最近，人们对华远集团总裁任志强先生批评多，原因是他宣称"只为富人建房"。此话虽不中听，容易招人反感，但想深一层，他说的其实没有错。作为开发商，追求最大化利润天经地义，市场有怎样的需求，就得建怎样的房子。而现实情况是，钱在富人口袋里，要想从富人那里赚钱，建房不迎合富人的需求怎么行？与任先生没见过面，不相信他铁石心肠，会对穷人漠不关心。可他是个商人，在商言商，按市场法则做事，无可厚非！

任先生的麻烦，在学界对他的批评是以公平的名义。如此一来，批评者博得了掌声，而任先生注定要四面楚歌。但我不明白的是，公平怎会成为企业的事呢？经济学说，企业求效率，政府求公平，各司其职，两者可并行不悖。个中道理不必多说，只有企业多盈利，政府才能多收税，财政有了钱，才可转过来关照穷人。由此看，应该鼓励企业追求效率才对，怎可反而大加鞭挞呢？真不知有些学者是不懂经济，还是故意装糊涂，另有用意。

是的，开发商是没有义务照顾穷人的。但这绝不是说，穷人住房就不应得到关照，是两回事，不可混为一谈。我的观点，扶贫助弱是政府的责任，应由政府去承担。事实上，这些年政府为补贴穷人住房也做过不少事，经济适用房是明显的例子，政府招商引资、批地拿钱不遗余力。遗憾的是，由于补贴方法不对，政府钱花了不少，好事却没办好，到头来，老百姓意见一大堆。

作过一些调查，人们对经济适用房的不满，主要在三方面：

其一，政府补贴开发商建经济适用房，由于限制了卖价，开发商要赚钱，必会千方百计压低成本。所以建材以次充好、工程偷工减料的现象司空见惯。结果，消费者花尽毕生积蓄，买的却是豆腐渣房屋，叫老百姓怎能不寒心？房子是政府资助建的，开发商也是政府选的，房子质量有纰漏，老百姓不怨政府怨谁？可站在政府角度看，费力不讨好也是哑巴吃黄连，有苦说不出。

其二，由于经济适用房有政府补贴，卖价低于市价，摆明的好处，自然求者盈门。这样带出的问题是，由于供少求多，经济适用房先卖给谁？政府虽可设门槛，但要做得公平不容易。比如那些腰缠万贯的富人，为了买到经适房会大肆行贿主事的官员，或是弄虚作假，隐瞒收入。外地情况不敢说，北京天通苑的经适房，居住在那里的到底有多少是真正的低收入者？一看便知。

其三，退一步说，即使经济适用房能保证穷人入住，但设想一下，一个城市，若泾渭分明地把穷人与富人分隔开，会是怎样的局面？至少有一点，贫困家庭孩子的心理健康要受影响。有先例，西方国家城市搞过穷人区，结果呢？贫富更加对立，社会矛盾更加激化，是前车之鉴，不应重蹈覆辙。

再有，建经适房是由政府划定区域，不论你在何处上班，也不论子女何处上学，要购经适房，就得搬进指定地点，这不仅给居民生活造成了不便，对原本紧张的城市交通，也是百上加斤。

早有消息说，政府要对经适房改革，但至今不见方案出台。想必是举棋不定，需要时间斟酌。我个人的看法，对穷人的房补，可以参考弗里德曼的"教育券"。弗老说，政府与其投资办公校为穷人提供免费教育，不如直接给穷人发放"教育券"，让他们自己去选择学校，学校招进学生后，即可用收取的教育券向政府兑换等额资金。如此一改，学校间必起竞争。为争取生源，势必改进服务，为学生提供更好的教育。

想不到弗老的奇思妙想，在美国居然会受冷落，而中国的教育当局也熟视无睹。有趣的是，墙内开花墙外香。山东莱芜的房补却大胆引入了这个思路，从去年六月起，莱芜市不再建经适房，把"补砖头"改为"补人头"，说明白点，就是把过去补贴开发商建房的资金，作为"购房券"补给低收入者。至于低收入者拿这笔"钱"买房还是租房？何处买房或何处租房？一切悉听尊便，政府不过问。

年初赴莱芜考察，见过那里的官员，也访问了贫困户，不论是官是民，大家对政府的房补新思路，无不交口称赞。没错，把选择权交给消费者，由市场定房价，不仅可降低行政成本、杜绝腐败，而且可扩大补贴面。神来之举，群众当然要叫好。听说，国家有关部委对莱芜的做法有肯定表态，机不可失，愿当地领导多听意见，再作完善，为全国的房补蹚出一条新路来。

政府可救楼市乎

原本年前要写的文章，拖到今天才动笔。忙是一方面，但主要还是觉得不好写。并非道理有多高深，而是话题太敏感，容易得罪人。两年前应邀做客中国网，谈的正是房价。当时我说房价长期会下跌，没买房的听了拍手称快；而刚买了房的则骂我胡说八道。怎料事隔两年房价果然大跌，不知那些买房的朋友今天怎么想？

不是我幸灾乐祸。实话说，我也未想到房价会下跌这么快。当时我说房价长期要下跌是基于对房市的供求分析。到2006年，国内房供已过剩，大量积压；城市虽有无房户，但房价太高，想买买不起。有效需求不足，房价当然有下跌压力。起初我想开发商能够撑几年，可去年夏天与一家房产公司老总见面，他告诉我，房价没降但也没成交量，方知大事不妙。后来的情形大家看到了，房价一路下泻，兵败如山倒。

我一直以为，这回房价下跌乃众望所归，不是什么坏事。不是吗？就在两年前，政府还在频频出招，费尽心机要压房价。可莫名其妙的是，现在房价刚刚跌就有人大喊救命，要求政府出面救市。当然，别人说什么无所谓，关键在政府怎样面对。具有讽刺性的是，2006年初南方某市长信誓旦旦，说要在当年把房价压下来；可就是这个市，不久前又推出所谓救市计划。叶公好龙，让人看不懂政府究竟要做什么。

我曾撰文指出，阻挡房价下跌的有三个火枪手：一是开发商；二是地方政府；三是银行。开发商希望房价上涨理所自然，价高利大，没得说。地方政府呢？房价涨地价也会跟着涨，利益均沾，当然不希望房价落。而银行不同，房价涨银行没有直接的好处，但考虑到收贷风险，他也不会愿意房价跌。钱放出去了，房价跌若令开发商清盘，银行不可能全身而退。另外，还有那些投资炒房的人，当初买房是指望日后卖高价，可房价一跌，鸡飞蛋打他们怎会甘心呢？

经济学说，分析行为要永远从利益那方面看。是的，若站在四个当事人的立场，我们就会明白他们为何要主张政府救市，一点不奇怪。问题是，政府作为公共利益的守护人，到底该不该去救市？事实上，当下政府面对着两种诉求：等着买房的盼价跌；而等着卖房却希望政府救市。各执一词，你说政府听谁的？此事难两全。若让我说，我选不救市。价格是市场信号，价涨代表短缺，价落说明过剩。商品过剩政府若再给保护，火上加碳，会造成资源更多浪费。

我不主张政府救市，还有一层理由。经济学的"帕雷托最优状态"说，资源最优配置是指这样的状态，即不损害一部分人的利益就无以增加另一部分人的利益。由此看，假若政府出手救市，虽对开发商有利，但却同时伤害了消费者。如此厚此薄彼，显然不符合帕雷托最优。再说，政府财政是公共财政，是纳税人一起凑的份子。若政府拿钱去救开发商，其他纳税人不点头，政府怕也没这个权力吧？

再退一步，假如纳税人授权政府救市，政府救得了吗？最近翻阅一些资料，见上海、广州、西安等不少城市早就推出过救市政策。归总起来，无非是购房入户、减免契税、降低首付等，而西安特别些，居民购房政府给补贴。这些政策已实施了一段时间，可看今天的房屋交易量，起色却不大。何以如此？细想不足为怪。房价不降，老百姓买不起，怎会有成交量呢？除非政府掏钱买，否则"过剩"局面不改变，优惠政策再多也无力回天。

当下有一怪论很迷惑人。此论说：房地产是支柱产业，政府不救市 GDP 会下降两个百分点，减少就业 600 万。且不说这数字是真是假，可我要问的是，政府拿钱救市能保两个点的增长与 600 万就业，但如果拿这些钱去做其他，比如支持科技创新或是投资基础设施，你怎知就不能创造出同样的 GDP 与就业呢？是的，人们容易陷入这样的误区：重视看得见的而忽视看不见的。比如政府斥巨资盖办公楼，为了证明决策高明，官员会宣称如何美化了城市或怎样创造了就业，人们也往往深信不疑。殊不知，这是官员的障眼法。若用这笔钱去盖一所学校，也可美化城市、也可创造就业。只是学校没盖，大家不易想到而已。

请别误会，本人并不反对发展房产业。眼下不少人等待购房，市场有需求，房产业一定还会大发展。不过据我所知，现今人们要买的并不是那些积压的高端房，今后一个时期，高端房还会无人问津。也正因如此，所以最近发改委承诺，政府将用 4000 亿建保障性住房。看来政府高层很清醒，并不打算替开发商的高价房买单。而且可断定，这 4000 亿保障性住房投资一旦启动，高端房价格还得跌，不信咱们走着瞧。

最后说一句：我一贯的观点，政府不可直接干预价格。前些年，开发商赚得钵满盆满，当时有人呼吁政府打压房价，我反对过；而今房价跌了又有人主张让政府救市，我照样反对。研究经济学数十年，有个理念我历来坚持，政府只能做政府的事；价格决定必须交给市场。做买卖赔了钱就叫政府兜底，天下哪有这等道理！

房价与地价：鸡与蛋的故事

真所谓世事无常。2007年国内房价高企，老百姓因买不起房而怨声载道；可进入2008年房价却突然掉头，跌得惨，又令开发商苦不堪言。前年夏天，深圳一家房地产公司的老总约见我，说深圳房价下跌近半，成交量急剧萎缩，问我对今后的房价走势怎么看？我答他，今天的房价取决于人们对未来房价的预期，金融危机打击了人们的信心，房价要跌不奇怪，随着经济回暖，房价应该还会涨。但怎么也想不到，去年房价一路疯涨，涨得让人目瞪口呆。

三年前我曾撰文说，中国的房价十年后必降，而近几年还会涨。尽管我有心理准备，但实话说，去年房价上涨之快仍让我大感意外。据说目前一线城市的房价，均已超过了2007年的高点。为稳定民心，最近国务院又不得不出台政策抑制房价。有趣的是，人们两年前批评高房价，当时矛头是指向开发商；可这次房价上涨，很多人说是因为地方搞"土地财政"抬高了地价。千夫所指，于是"土地财政"也就成了众矢之的。

恕我先不对"土地财政"作评论，这里要讨论的是，究竟是高地价推高了房价？还是高房价拉高了地价？表面看，这问题不简单，很有点像"鸡"与"蛋"的关系，鸡生蛋，蛋生鸡，但世上到底是先有鸡还是先有蛋，的确难以说明白。不过从经济学角度看，高房价与高地价谁因谁果，我倒认为可以说清楚。但前提是大家要遵从经济分析的逻辑，不能只看表象而忽略本质。

有官方数据显示，当下地方预算外收入中，土地出让金差不多要占一半。而另据华远地产的任志强先生称，目前地价占房价的比例高达 59%，由此推断，他认为是地价推高了房价。我没研究过房地产公司的财务资料，相信任先生不会说假话。但即便如此，我也不同意任先生的推断。不错，房子非空中楼阁，它要盖在土地上，地价高，盖房子的成本会高。然而经济学说，成本高未必一定会推高房价，不然我们怎么解释 2008 年开发商成本未变而房价大跌呢？

说我自己亲历的一件事。前年 10 月，一位在成都做区长的朋友打电话给我，问房价何时会涨。我问他为何问这个问题，他说房价不涨地价涨不了，区财政的日子不好过。2007 年，成都地价每亩可卖 300 万至 500 万，而到了 2008 年下半年 100 万也卖不出。读者听明白了么？我这位区长朋友一语道破，原来是房价带动地价，而不是相反地价推高房价。其实，现实生活里这样的例子很多：比如钢材涨价必带动铁矿石涨价；纺织品涨价必带动棉麻涨价；粮食涨价必带动化肥涨价。总之，是下游产品涨价带动上游产品价格上涨。

当然，上游产品涨价推高下游产品价格的情况也是有的，但前提是下游产品供不应求，市场有涨价空间；否则，若下游产品过剩，上游产品涨价只会推高下游产品成本，但价格却涨不了。请问有谁见过，过剩产品能够卖高价的呢？若再想深一层，即便下游产品短缺，价格上涨也是需求拉动，与成本无关。房地产本身就是最好的例子，人们看到的现象，似乎是地价推高了房价，其实不然，假若房产的需求不足，地价再高房价也不会涨。

是的，房价上涨说到底只能由需求拉动。想想 2008 年房价吧。从成本看，开发商应该都是 2007 年前买到的地，地价绝对不低，可前年房价为何会大跌呢？原因是金融危机改变了人们的收入预期，对房产的需求下降了。不妨再设想一下，假如有甲、乙两个开发商在同一地段建房，由于买地时间不同，甲买地早，地价不及乙的一半。尽管成本差别大，但若乙的房子每平方米卖 2 万，甲会因为地价低而每平方米只卖 1 万么？当然不会。

很清楚，只要商品房供应短缺，地价无论高低房价都会涨。而由此引出的政策含义是，平抑房价应增加房屋供给而不是打压地价。房供短缺的局面不改变，打压地价只会增加开发商利润，房价不会降。这样看，那种指望打压地价来降低房价的想法，不过是人们的一厢情愿，政府若一旦采纳，对开发商来说当然正中下怀，而对消费者无异水月镜花，到头来怕是竹篮打水一场空。

回头再说"土地财政"。近来人们口诛笔伐，对"土地财政"多有批评。大家不满意高房价我理解，但说是政府故意抬高地价我不赞成。要知道，如今房地产用地一律招拍挂，地价由开发商竞争决定。既然是竞价，有人肯出高价政府怎么能卖低价呢？退一步说，倘若政府真的高价不卖而卖低价，你会怎么想？是否会怀疑主事官员有猫腻？还有一种批评，说地价飙升是因为地方政府"捂地惜售"。这听起来似乎在理，可问题是土地稀缺，若不加控制，政府一次性都低价卖掉，将来盖房怎么办？那时候地价岂不更高？

其实，中国的土地财政问题，追根溯源，是与1994年国家启动分税制改革有关。1993年，中央和地方财政收入在全部财政收入的占比分别为22%和78%，而到了1994年，则分别变为了55.7%和44.3%。就是说，分税制改革后地方财政收入占比下降了30%。麻烦在于，地方的收入份额少了，可上头千条线，地方一根针，要负担的事却没少。处处要花钱，而巧妇难为无米之炊，不得已，所以地方政府只好做土地文章。扪心自问，假若你在地方为官，恐怕也会这么做吧。

保障性住房何去何从

　　每年"两会"热点都多，而今年的热点之一是房价。说来也是，目今房价居高不下，令普通百姓望而生畏，为民代言，"两会"代表责无旁贷。也是"两会"期间，温家宝总理承诺，说要把今年的房价稳定住，办法是加大政府投资，增加保障性住房的供应。居者有其屋，加大供给当然好，但问题是保障性住房怎么建？好事办不好，老百姓照样会怨声载道。

　　有前车之鉴。远的不说，早些年建经济适用房就是例子。我从未怀疑政府建经济适用房是为照顾穷人，但事实上，最后住进经济适用房的却并非都是穷人。别处我不知，至少北京天通苑的经济适用房是如此，那里住的不仅有公司老板，也有大腕明星。人们不禁要问，政府明明建的是经适房，怎会卖给高收入群体呢？个中原因复杂，几句话恐难说得清；但有一点可肯定，只要房价低于市价，就总会有人从中渔利，好事往往要办歪。

这也是我一直不推崇经适房的原因，前几天见到安徽宣城虞爱华市长，他说市府正准备拿大片土地建经适房，我未经多想就反对。其实，早几年我做客中国网就曾表达过我的看法，而学界对经适房也颇有非议。归纳起来是：一、政府为建经适房往往将土地低价转给开发商，这样土地不招拍挂，价格怎么定人为因素多，猫腻也多；二、政府限制经适房卖价，开发商为挤压成本通常会偷工减料；三、建经适房是由政府划定区域，不论你在何处上班，要购经适房就得搬进指定地点，这不仅给居民生活造成不便，而且把穷人与富人决然隔开对小孩心理也有不良影响；四、经适房僧多粥少，卖谁不卖谁政府不容易拿捏，难免会让富人搭穷人便车。

当然还不止这些，但就以上几条已足以让人对经适房不看好。那天与虞爱华市长讨论，他也立即同意我的看法。要说明的是，我反对政府建经适房，但绝不是不给穷人帮助。我曾多次说过，照顾穷人是政府的职责，义不容辞，但政府若想帮穷人办法也多得是，至少非只经适房一策，比如山东莱芜市给穷人发购房券（补贴）就是不错的办法，几年前我曾到那里考察，也曾以"补砖头不如补人头"为题写文章推介过，篇幅所限，这里再简单说说吧。

莱芜市政府给穷人发购房券，追根溯源，理念应该是来自弗里德曼的"教育券"。针对政府提供的免费教育，当年弗里德曼建议政府与其大把花钱资助学校，不如直接给学生发"教育券"，让学生自主择校，这样一石二鸟，不仅照顾了穷人上学，又可促进学校间竞争、提升教学质量。发购房券的道理也如此，政府不必建经适房，土地也一律招拍挂，而土地收入则用于补贴穷人买商品房。阳光操作，官员不能腐败，穷人购房自便，此举可谓两全其美，深得民心。

举例说吧。三年前莱芜市的商品房均价每平方米约为2500元；而周边的经适房每平方米为1800元。政府补贴穷人买房，补的是商品房与经适房的价差，即每平方米700元左右。而且，这700元政府不是给现金而是发购房券，比如当地政府规定可给贫困户70平方米的房补，按每平方米700元算，则政府给每户发购房券49000元。购房券可买房也可租房，然后由财政与房产商统一结算。

另一种保障住房补贴，是淮安"共有产权"模式。上月国务院发展研究中心在北京举办论坛，我应邀参加。对淮安模式之前有听说过，但知之不详。所谓"共有产权"，指的是房产权由政府与住户共同拥有。说具体点，就是为了协助贫困户买房，政府出资30%—70%，而住户出资70%—30%，并按各自出资额占有相应产权。很显然，此模式最大特点是贫困户买房不必贷款付息，而且5—8年后还可向政府按原价买回产权。

在那天的论坛上，我对政府协助穷人买房予以肯定，但对

"政府产权"权益却有质疑。众所周知，经济学讲"产权"，包含使用权、收益权与处置权，但从淮安的做法看，所谓政府产权徒有其表。名义上，政府是产权所有者，可实际上政府一不使用，二无收益，三不能处置，说白了只是提供"无息贷款"而已。若要让政府产权实至名归，使用权可让渡（扶贫），但我认为处置权不应放弃，即便住户要转卖产权，也只能按市价卖给政府。这样一方面可周转给其他贫困户，也可防止有人拿政府产权牟利。

再有一种形式，就是廉租房。我不赞成建经适房，但不反对有廉租房。是的，尽管政府可给穷人补贴，但也总会有人买不起房，既然如此，那么就得有房可租。有一种观点，认为廉租房须由政府投资建。而我的看法相反，廉租房也应由开发商去建，政府只需向开发商租来再低价转租给贫困户即可。想想吧，市场有租房需求，何况政府又是个大客户，有钱可赚，开发商怎会无动于衷呢？

行文至此，让我来总结一下本文要点：第一，照顾穷人住房是政府的职责，政府当竭尽全力；第二，建经适房不如发购房券资助穷人买商品房，这是说，实物补贴不如货币补贴有效率；第三，政府可协助穷人买房，但政府产权不能虚置，而落实政府产权关键在掌握转让权；第四，廉租房应由政府提供但不必政府建，要知道，提供廉租房与建廉租房是两回事，不可混为一谈。

责任编辑：曹　春

图书在版编目（CIP）数据

中国经济漫笔／王东京著．－北京：人民出版社，2016.2
ISBN 978－7－01－015655－2

I.①中…　II.①王…　III.①中国经济－经济发展－研究　IV.① F124

中国版本图书馆 CIP 数据核字（2015）第 311900 号

中国经济漫笔

ZHONGGUO JINGJI MANBI

王东京　著

人民出版社 出版发行

（100706　北京市东城区隆福寺街 99 号）

北京盛通印刷股份有限公司印刷　新华书店经销

2016 年 2 月第 1 版　2016 年 2 月北京第 1 次印刷
开本：710 毫米 × 1000 毫米 1/16　印张：21
字数：200 千字

ISBN 978－7－01－015655－2　定价：48.00 元

邮购地址 100706　北京市东城区隆福寺街 99 号
人民东方图书销售中心　电话（010）65250042　65289539